新靈魂觀

三十週年全球暢銷版

改變意圖，開啟覺知，
終止負面業力，完成此生的功課。

THE SEAT OF THE SOUL

蓋瑞・祖卡夫——著
GARY ZUKAV
廖世德、蔡孟璇——譯

帶著愛、敬意與感激，將本書獻給我的父母：

莫里斯．祖卡夫（Morris L. Zukav）

蘿琳．祖卡夫（Lorene Zukav）

感謝琳達．法蘭西絲（Linda Francis）那洋溢著喜悅的愛、從不間斷的支持，以及無盡的創意；自一九九三年以來，或許更久之前，她一直是我的靈性伴侶。我經常感到吃驚，在我們的溫柔與力量對抗之間，我不只是愛她，也喜愛那份愛著她的感覺。這部經過增補、重新出版的版本，攜帶著一份我們共同的承諾：創造真實的力量與靈性伴侶關係，同時也支持世界各地的人創造它們。謝謝你，親愛的。

目錄

【推薦序二】

改變意圖，改變人生

——歐普拉（Oprah Winfrey）

我第一次讀《新靈魂觀》的時候是一九八九年。我買了許多本送給朋友和同事，讓大家可以一起來讀，我對每一本讓我感到興味盎然的書一向是這種做法。剛好，我是第一個讀完這本書的人，而這也表示，我找不到人和我一起討論書的內容！因此，我找到了加州沙士達山（Mount Shasta）的電話簿，直接打了一通電話給作者本人，蓋瑞・祖卡夫。

「祖卡夫先生，哈囉，我叫歐普拉，我只是想和你聊聊你的書，邀請你來上我的節目，分享你的……」

「你說你的名字是？」

「歐普拉。」

「可以拼給我嗎？謝謝。」

「歐普拉 O-p-r-a-h，h 不發音，」我解釋道。然後我告訴他，自己是一個談話節目主持人，接著我向他解釋談話節目是什麼，因為蓋瑞已經好幾年沒看電視了。而當然，這讓我更加渴望與他聊一聊。我想知道他是怎麼知道書上這些事的。他寫的東西引起我深深的共鳴，而且感覺非常真實，但是，他怎能確定這些是真的呢？

☆ ☆ ☆

《新靈魂觀》改變了我看待自己的眼光。它讓我在處理公事與私人關係的方式上，出現了深刻的轉變。

這本書在完美的時間點出現，那是我生命中已經準備好進一步敞開自己、迎向更多可能性的時刻：更多的連結、更多的和諧、更多的平靜、更多的喜悅。我可以察覺到，我們的存在遠不止是每天一成不變的日常經驗、工作與各種關係的例行活動，它還有更多東西，生命中有更多超出我們五官所能掌握的東西。

《新靈魂觀》將我的靈魂早已得知、而且一直試圖告訴我的東西化為文字。看見那些我尚未找到語言清楚表達的東西躍然紙上成為印刷字，真是醍醐灌頂般的歡喜經驗。第一次讀到「多官知覺」這個名詞時，我覺得蓋瑞觸動了某條敏感神經。事實上，這本書感覺就像是一個多官式的大爆炸。讀過這本書之後，無論到任何地方，我都能帶著新的領悟看待並且體驗人生。

蓋瑞的書是一個又一個的「啊哈！」時刻，一再指引我朝著正確的方向前進。我最喜歡的洞見是：「當人格開始完全為他靈魂的能量服務——就是獲取了真實的力量。」我的人格很巨大，這不是什麼祕密。我從小學三年級開始就一直在充分利用它。但是談到利用這個人格服侍我的靈魂，而且確保這兩者的一致，改變了我做所有事情的方式。我突然認出了那些讓人格操縱一切而走偏的時刻。我開始注意到，我感到不開心、不舒服或絕望的程度，與我自己偏離靈魂的居所有多遠，呈現等量的比例關係。

書中最令我震撼的章節是談論意圖的部分。這些話已經成了我生活的座右銘：「我們的每一種行為、意念、感情，都是意圖激發的，意圖的存在是因，是因就有果。只要參與了因，就不可能不參與果。我們都要為自己的行為、意念、感情負責——也就是為自己的意圖負責，最深刻的道理就在這裡。」*這些話改變了我的人生。

在閱讀《新靈魂觀》這本書之前，我飽受「取悅他人」這種疾病所苦。和數百萬多數是女性的人一樣，我是一個只為滿足他人需要、欲求與渴望的奴隸。當我極度想說「不」的時候，我還是會說「是」。無論別人要求什麼，我都會付出寶貴的時間、精力、金錢、禮物等，純粹為了避免可能惹得別人不高興。我曾經從芝加哥飛到西班牙，為一個朋友的慈善活動站台不到四十五秒鐘，然後立刻回到飛機上，直接飛回去繼續進行我的節目工作，只因為我實在不知道如何開口說「不」。直到現在，我都還說不出那個慈善活動是做什麼的。

這類事情在過去經常發生。我的生活就是一個活動接著一個活動，旋風般地來去，馬不停蹄的演講邀約，幾乎只要有人邀請我，我就出現。我想要人們喜歡我。只要我給了他們想要的東西，我以為他們就會喜歡我。

我的突破來自於認知到我希望人們喜歡我的意圖，正是造成所有這些要求的原因。因與果。如果你的意圖是做他人想要的事，他們就會一直要求你做這些事。那真是個令我豁然開朗的「啊哈！」時刻！當我將我的意圖改變成做我想做的事、做我覺得值得付出的事，結果就自然改變了。

二十五年過去了，今天，對我來說，帶著有意圖的目標來行動，幾乎就像呼吸一樣自然，但是我過去必須從《新靈魂觀》的書頁間學到這件事。蓋瑞・祖卡夫的意圖法則從根本上改變了我的每個行為，它甚至改變了《歐普拉秀》的意識。節目剛開始的時

＊譯注：本段文字見於第二章〈業力〉。

候，製作群會在每星期一次的流程會議裡提出新點子，但是自從我在《新靈魂觀》讀到蓋瑞的觀點之後，我制定了一個新的政策。我對每一個製作人說：請先提出你為這個節目立定的意圖。你想要做什麼？你想要呈現什麼結果？

有時候，那些一年必須填滿兩百個節目單元的製作人，會編造一個意圖來安撫我，但我會說：「不行，這理由不夠好。」即使那意圖除了「我們只想提供娛樂，提高收視率」之外，沒有別的價值，我還是鼓勵所有的人將意圖交代清楚。清楚交代出意圖與目標，結果自然會跟著來。

☆ ☆ ☆

一九九八年，蓋瑞・祖卡夫首次上我的節目時，我們討論了靈魂的本質，那場訪問為我的職業生涯開闢了一個新方向。在日間電視節目談論靈性方面的題材，這種事從來沒有人做過。在節目中談論意識、責任、意圖，以及因果法則，並不會獲得高收視率，但是我告訴自己：現在不做，更待何時？坦白說，要不是我擁有並且主導了這個節目，蓋瑞這些年來三十六次的應邀現身就永遠不會發生。我的製作群在一開始就相信，電視節目尚未準備好要談論靈魂這種事。

然而，我選擇的方向讓我受益良多。我也持續在我的 OWN 有線電視網探索生命的精神面。憑心而論，如果我沒有讀過《新靈魂觀》這本書，我相信自己連做夢都不曾想過要創造這樣一個有線電視網。

我在「歐普拉女子領導學院」（Oprah Winfrey Leadership Academy for Girls）教授領導課程時，借重了《新靈魂觀》的幫助。我利用書裡的原則來教導小學生、高中生，甚至是凱洛管理學院（Kellogg School Management）*的 MBA 學生。每當有人讀到這本書，感受到我初讀本書時所感受到的驚奇，我便無比歡喜。如果你已經準備好要用新的眼光來看世界，如果你已經準備好敞開你的人生，為它帶來改變，如果你已經準備好接受醍醐灌頂的喜悅，我想你也能夠感受到這份驚奇。

*譯注：西北大學的管理學院。

【推薦序二】

靈魂永遠不死，永遠存在

——瑪雅．安潔羅（Dr. Maya Angelou）

勇氣是所有的美德中最重要的一種，若沒有勇氣，一個人就無法持續保有任何美德。我們可以偶爾友善、慷慨、公正、有禮、慈悲，但要持續展現那些美德，需要高度的勇氣才能辦到。從童年開始，我們所受的教育告訴我們的就是：我們的心、頭腦、人格、精神與靈魂是一起來到我們生命中，占據著同一個空間，然後死去的時候，它們也會一起離開。

無畏而勇敢的祖卡夫在著作《新靈魂觀》中介紹了一個對我來說全新的概念，或者說我年少時曾在黑人靈歌裡發現過的東西，當時我很困惑，因為歌詞說當死亡來臨，苦與樂、笑與淚都會在一起，它們也會一起走向死亡。

然而，這首經常將上帝稱為靈魂的詩歌卻告訴聆聽者：靈魂永遠不死，而是會繼續下去，賦予另一個心智與人格生命，也帶來其他的煩惱與喜樂。它們將會保有活著的體驗，直到死亡卸下他們的責任為止。然後，當他們死去之後，靈魂或者上帝仍會繼續存在，因為它不會死。

祖卡夫是一位廣受敬重的思想家，他在《新靈魂觀》一書中告訴讀者，人類進化的達成，依靠的是靈魂的持續，以及人格能夠死亡而後生出另一個更好、更堅強、更勇敢一些的人格這樣的能力。

我不知道是否祖卡夫內在的詩人接管了他的手，吩咐他說出這些令人難以下嚥的真相，而且就像柳樹順著樹背優雅彎身那般輕而易舉。有些讀者閱讀是為了打發漫長的夏日時光，有些是為了假期的休閒娛樂。選擇了《新靈魂觀》這本書的人，應該把它放在靠近床鋪的書架，或放在床邊那個配備著耐用燈泡的檯燈桌上。

我將我收藏的第二本《新靈魂觀》放在廚房的桌子上，用塑膠膜保護著，讓它能耐得住多年使用，也避免讓它的封面被新鮮沙拉裡的橄欖油給弄髒了。

在讀過祖卡夫這本書第十次之後，我仍然覺得它是驚世駭俗的。我記得自己寫過的一齣戲劇，劇名是《我依然奮起》（*And Still I Rise*）。劇中的兩個角色（一位男性、一位女性）死去了，發現自己置身在一個自認為是等候室的地方。一個面孔猙獰的怪物出現了。名叫佐伯迪亞的男性角色說：「我知道你是誰，你就是守門人。你會帶我們去該去的地方，天堂或地獄。」

女性角色安娜貝爾補充說：「我沒有辦到，但我真的試圖過一個良好的生活，乾淨、友善、公平。」

那個可怕的怪物一開始只輕笑了幾聲，然後逐漸轉為狂笑。他瞪著這兩個可憐蟲角色，然後說：「人類的想像力總是讓我覺得不可思議，甚至非常吃驚。佐伯迪亞和安娜貝爾，單單是你們的未來，就可能有八百種不同的終點站。」

在我那齣戲裡，原本分開坐的佐伯迪亞和安娜貝爾不自覺地逐漸向彼此靠近。突然，他們已近得可以擁抱了，於是他們擁抱了彼此。

十九世紀的黑人靈歌是這麼唱的：

很快地，我會結束世間的一切苦惱，
世間的苦惱，
世間的苦惱，
我要回家見我的上帝。
不再流淚和悲嘆，
不再歡笑和跳舞，
不再哀悼和哭泣，

我要回家見我的上帝。

顯然，此處詩人決定讓日常生活的瑣事占據一個空間，而詩人真正的靈魂則居住在詩人稱為上帝的另一個空間。

如果你是祖卡夫的新讀者，我建議你找一位神經強壯而且有幽默感的人一起分享這本書，因為當祖卡夫的觀點對你來說不再是挑戰，你便能和這位新大陸發現者一同開懷地歡笑。

不再流淚和悲嘆，
不再流淚和悲嘆，
我要回家見我的上帝。

（本文作者為作家、詩人、劇作家、導演、演員、黑人民權鬥士，代表作為《我知道籠中鳥為何歌唱》，敘述在美國南方種族主義與性別歧視下的親身經歷，成為美國非裔女性的文學見證。）

【推薦序三】

內在意識的多官覺醒

——王怡仁（家庭醫學科醫師／《不藥而癒》作者）

身為身心靈老師，十多年來，我常在引導人們將意識的焦點由外在的物質世界轉入內在的心靈世界，開啟更深的智慧。

意識的焦點若從外在轉入內在，究竟會有什麼改變呢？想來人們大多聽過，一個將意識的焦點轉入內在的人，即是「開悟」、「覺醒」、「明心見性」的人，然而，或許很多人都不明白，「開悟」、「覺醒」、「明心見性」究竟是什麼意思。

蓋瑞．祖卡夫的這本《新靈魂觀》想必可以解開人們的困惑。祖卡夫將人概分為兩種，一種是只認同五官所見所聞的外在世界的人，祖卡夫將這樣的人稱為「五官人」。五官人的「自我」較為熾盛，他們的內心常常充滿恐懼與孤獨，行為則往往會與人競爭與力圖佔有，並造成人際爭奪與社會亂象。

而若是一個人能將意識的焦點由外在轉入內在，他將除了以五官見聞外在的世界之外，更能從直覺接收內在的訊息。祖卡夫將這樣的人稱為「多官人」，多官人與靈魂的連結更緊密，因而更能綻放愛、慈悲與智慧。

也就是說，「多官人」即是「開悟」、「覺醒」、「明心見性」之人。

那麼，一個人要如何從五官人「進化」為多官人呢？祖卡夫告訴我們，若想成為多官人，方法之一，就是連結內在，接收來自內在的直覺。

當一個人決定將意識的焦點從外在轉入內在時，他會對內心存敬意，認真與內在相連。與內在連結的方法之一，即是能接收由內在而來的訊息，也就是接收來自內在的「直覺」。

五官人的頭腦極度理性，他們大多不相信直覺，多官人則會信任來自內在的直覺。直覺能讓人靈光一閃，萌生洞見或靈感，也能讓人體悟真理，還能讓人湧生愛與慈悲。簡而言之，「直覺」，即是來自內在的真實力量！多官人心生困惑時，會請求直覺的指引，為自己解除困惑，當與直覺連結時，多官人就與靈魂或內在緊密相連了，也因此總是滿盈著愛、慈悲與智慧。

在我十多年的身心靈講座中，常在引導人們將意識的焦點轉入內在，我常建議的方法是「覺察」與「靜心」，而當我體驗過祖卡夫的方法後，我相信「直覺」確實能有效的連結內在，與靈魂緊密相連，也讓我擁有更深的智慧。

《新靈魂觀》是本內容豐富的書，書末的〈學習指南〉更是進入內在的捷徑，只要你能依循書中指引，按部就班的練習，一定能成為充滿覺知的「多官人」。美國知名電視主持人歐普拉（Oprah Winfrey）極為推崇此書，我也誠摯的將此書推薦給你！

【推薦序四】

追來的書緣

——蔣豐雯（《星光女神卡》作者）

這篇推薦序，其實應該算是「追」來的。

記得當年書一到手，翻開內頁就無法停止的一路讀下去。如同作者〈二十五週年紀念版前言〉所述：「每個句子對我都很有意義，因此整本書很快便畫滿了線……」。書中探討的進化、業力、意圖、力量……等，極為關鍵的帶領我們重新調整心識創造的切入點，也非常呼應《光的課程》的教導。

透過光課老師介紹，《新靈魂觀》很快在光班擴散出去，也很快，出版社不再刷就絕版了。以至於同學們只能去書店把尚留在通路的書，掃了一輪回來；再後來，甚至只能去拍賣網站找書，甚至遇到競標，趕緊回來問問出手的乃否自家人……

我得知狀況，出版魂上身，自然無法坐視不管，任由好書絕版，不如引薦給適合的出版社。結果版權代理回覆已授權，便作罷，心想等一段時日就能買到書了。然而盼呀盼，還是沒盼到，於是乾脆聯繫木馬文化的朋友，了解一下何時會出版？或許就是看我這樣積極追書，因此當出版社終於排定出版時程，便邀我為文推薦。

這些幕後插曲是過去在出版社日常選書評估，及現在成為單純讀者的角色替換間，使不使得上力的一些面向。距《新靈魂觀》原文第一次出版的一九八九年，一個世代後，人類生活的整體環境有極大變化，然而書中內容對大多數人來說，可能還是大腦思考從未到達的處女地。儘管本書當年在美國出版後長踞排行榜、授權三十二種語文、銷量可觀，不代表三十年後的發行還能穩固如昔。尤其受限於我們市場的規模及體質，經典之作或太早出版的明日經典，與讀者緣慳一面者，族繁不及備載。

其實，以這個角度切入推薦，並非我原先設想的方向。只是既然探討的是靈魂觀，隨著指引，便來到這裡，與可能收藏也可能錯身而過的讀者說說心裡話。前兩天，同學上課反應說：「《新靈魂觀》真好看，好想畫線哪~不過因為是跟圖書館借的，只能忍住……」。

有些書看完就是一段旅程的結束，有些書卻會是一輩子的朋友。尤其每當消沉落寞時，總是陪伴你衝破眼前烏雲幻象的朋友，我們不一定一開始就能辨識出來，而《新靈魂觀》，就是這樣的朋友。

閱讀感受之於每個人都是獨特的經驗，心得是主觀的，對很有主見的讀者來說，意義不大；這篇追書推薦序，記錄曇花一現出版的上個中文版本，客觀的陳述讀者尋書失之交臂、無計可施的無奈，或許能做為讀者另一個角度評估參考的重點。

最後，誠懇祝福你，擁有這本書。

作者序

蓋瑞・祖卡夫

《新靈魂觀》一書的出版，讓我滿心洋溢感激和喜悅。當我在幾十年前完成這本書的手稿時，我坐在稿子旁，懷疑有誰會讀這本書。若真有人讀了，又有誰能了解它的奧義？當我思忖著這些問題，腦袋裡出現了另一個念頭，而且益發響亮、清晰。它說：「別擔心。這個箭頭自己會找到它的標的。」《新靈魂觀》現在已經打動了數百萬人的心，而那個箭頭至今仍在向前奔馳。

在我撰寫第一本著作《物理之舞》（*The Dancing Wu Li Master*）的時候，十分驚訝地發現了那來自我無法形容的、超越頭腦的無形智慧靈感，以及帶著建設性意圖自覺地創造的能量流。我從未體驗過這樣的事。我喜愛這些經驗，但是在著作完成之後，我卻忘了大部分的內容。

因為這本榮獲美國科學圖書獎的《物理之舞》，我成為讓現代科學普及化的功臣。許多人期待我再撰寫一部續集，像是《第二代物理之舞》之類的著作，以解釋更多先進的科學。但是，我下本書的主題卻是關於進化、轉生、業力與靈魂。它講的是感情覺察、負責任的選擇，以及直覺。它談的是關於史無前例的人類意識轉變，以及一種新力量的誕生，也就是真實的力量。簡而言之，這本書談的是一種新的人類物種，它的新能力，以及它的新潛能。

這本書就是《新靈魂觀》。其實我比誰都驚訝，我在撰寫《物理之舞》時所出現的一切驚人靈感再度降臨，以強勢、精準、不可逆轉的方式進入了我的覺知當中。我發現了非形體的實在界，而我現在依然在那樣的發現裡成長。所有具有創造力的人，我指的是每一個人，都必須要能夠承擔，要付出時間與勇氣來成長，並且深入自己的洞察。靈感是一回事，將它靈活應用在你的生活中，又是另外一回事。

我的朋友瑪雅．安潔羅告訴我，有人告訴她「我是個基督徒」的時候，她回答：「真的嗎？已經是了嗎？我現在八十多歲了，還在嘗試中。」就和瑪雅一樣，我依然在學習，依然努力應用我生命中最有意義的洞見，也依然繼續變得更好。

在《新靈魂觀》問世多年之後，重新閱讀這本書是個完全驚喜與令人深深滿足的經驗。這部著作似乎很完美，每個句子對我都很有意義，因此整本書很快便畫滿了線。我渴求著讀這些字句，它們就像水滲入乾躁的沙漠那樣地沉澱至我內心，滋育著我、撫慰著我。我在撰寫這本書時所感受到的祝福又回來了，而且擴大了數倍之多。我樂在其中。我以為這些我早已經知道了，畢竟，當初是我自己打字、編輯的，更談論了許多年。但是重新讀這本書的時候，我領悟到我還有東西必須記錄，還有更多東西要學習，還有更多東西要實踐。

《新靈魂觀》讓我認識了許多了不起的人。其中有兩個人對我的影響之深，超乎我的想像，而且一直以來他們對我的支持總令我感到興奮與驚喜。

第一位是琳達．法蘭西絲（Linda Francis）。我不記得我們初次見面是什麼時候了，不過她還記得。第二次見面是在我參與演講的一次靜修活動裡，當時見面的細節我至今仍記得一清二楚。我被充滿愛心的人包圍，但我卻將他們之中的某個人推開，那人就是琳達。我不想接受她無條件的擁抱。那是我第一次察覺，我內在某個部分感受到來自她的威脅，但我未能判斷箇中緣由。

活動期間，我一直避不開她，例如一位朋友為我在音樂會保留了一個位置，另一位朋友也為琳達保留了一個位置，而這兩個保留的位置竟然連在一起。於是，我開始與她分享我的好奇心。為什麼我單單想推開她一人？我和她分享了我不想被這種不尋常的衝動控制的意圖。「我不會拒絕你的愛」，我這麼告訴她，我指的不是羅曼蒂克的愛情，而是她在靜修活動裡讓朋友明顯感受到的愛意，她也將它給了我。活動最後，朋友邀請我加入他們，到一座瀑布玩水沖涼，當他們建議我邀請琳達時，我變得有些惱怒。

琳達！琳達！為什麼又是琳達？在這場活動裡，我可不可以做些沒有琳達的事？後來琳達打電話給我，告訴我她要搬來加州的沙士達山（Mount Shasta），也就是我居住的城市時，我再次感到害怕，但那是她參加靜修前早已決定好的。我再次對自己的反應感到好奇。然而，當朋友和我歡迎她搬入新家的時候，我驚訝地發覺自己竟如此期待她的到來！我感到非常放鬆、舒服、開心，而且敞開。我們開始互相拜訪。有些談話讓我非常享受，有些則不然，但我發現我對每次的對話都充滿了期待。幾個月後，有個念頭突然出現在我腦海：「我想我已經置身一段關係裡了！」我的前一段關係是由性互動所開啟的，而在沒有這種互動的情況下，一種截然不同的全新互動發生了。這些互動讓我初次體會到一種以靈性成長為目的、實質的、深刻的關係，亦即靈性伴侶。半年之後，大約是二十年前，她搬進了我的小木屋，我們這趟旅程一直持續到今天。

我們在一起的這些年，讓我感到驚奇的是：我不只愛著琳達（當初我遇見她的時候，我覺得自己並沒有能力做這件事），而且更喜愛愛著她的感覺！這種體驗令我著迷，直到現在，這種感覺仍然和我當初發現它時一樣強烈。這感覺到底從何而來？

第二個人是歐普拉。她是宇宙挑選來讓我從沒沒無聞躍登至大世界的工具。我想只有她的爆發力能辦到這點。她帶領著我進入她的心、她的創意，以及她知名的《歐普拉秀》。剛開始，我只是個住在山上的隱士，幾個月之後，我突然每個月都在一千萬人眼前講話。無論我走到何處，新朋友就會出現，然後謝謝我在節目上所說的一切，或從遠方朝著我微笑。我花了很久的時間才明白，我的孤立生活結束了，甚至花了更久的時間，我才能歡迎這種新生活的到來。

在每次的節目裡，歐普拉和我會坐在一群求知若渴的觀眾前，以及來自全球各地的人類同胞面前，她先介紹一個主題，問我幾個問題，然後藉著手勢或臉上的表情，將數百萬人的注意力轉移到我身上。這是個嚇人又美妙的經驗，「神聖」或許是更好的形容詞。當一個全國性雜誌追著我邀稿時，她給我忠告：「這不過是華而不實的棉花糖，蓋瑞，就只是棉花糖。」還有比這更好的詞彙來描述外在力量嗎？和我有收養關係的蘇族（Sioux）叔叔菲爾．連恩（Phil Lane, Jr.）某次在收看過我們節目之後告訴我：「侄兒啊，你說話的方式像老一輩的人。」這個回憶讓我心裡充滿力量與感激。我感謝歐普拉和這個宇宙，為我帶來所有這一切的經驗。

參與歐普拉節目之後的幾年間，我和琳達共同創辦「新靈魂觀學院」（The Seat of the Soul Institute），舉辦了許多活動、寫書，而且規畫出供小團體研習的長期進階課程。如今，我們對提供支持與對靈性伴侶的熱情比以往更強烈，但是舟車勞頓的旅行對我們來說是種負擔，所以我們創造了新的數位工具與網路的創新使用方式，例如持續提供支援課程 eCourse、eNowsletters、線上「靈性伴侶社群」（Spiritual Partnership

Community）、即時視訊，以及收錄在本書〈導讀〉最末的網站連結（將它輸入你的eBook，或在瀏覽器輸入網址，就能前往這些網站，協助你進一步探索、整合、應用你的所學）。你也可以在 SeatoftheSoul.com 網站裡發現所有這些資訊。

我和琳達在情況允許的時候，依然對舉辦現場活動感到享受，包括我們最喜愛的、年度的「靈魂之旅」夏日靜修營。我希望我能在這些活動中與你相遇。

網際網路是一種存在於五官領域的反映，反映出我們對彼此連結新生起的意識。它並不會創造，甚至不會增加我們彼此的連結。我們和彼此、和生命的某些連結，不可能比現在更多。一朵花能夠和它的顏色有某些連結嗎？讓我們一起好好享受這個美妙的反映與它所反映的東西吧！

自《新靈魂觀》出版以來，最困難、最令人滿足與興奮的經驗，就是我在真實力量與創造真實力量方面的經驗。靈性伴侶與共同創造所帶來的豐美經驗，以及我對生命的敬畏，已經慢慢取代了我將人們視為事物的經驗，也取代了我帶著憤怒、嫉妒和絕望所踏上的慘痛旅程。我依然會遇見那些憤怒、嫉妒、優越、自卑的人格部分，但現在我已將它們視為創造真實力量、重新做選擇的寶貴機會。

如果我可以辦到，你也可以。我知道你終究可以的。意識的蛻變能將我們的知覺拓展至五官之外，能重新定義力量，並將我們身為宇宙人的潛能顯示予我們，而它正以火力全開的速度在進行著。

每個恐懼的選擇，例如憤怒、嫉妒、報復等，都會透過恐懼所創造的破壞性痛苦結果而帶來不自覺的進化。每個愛的選擇，例如感激、耐心、欣賞等，都會透過愛所創造的建設性健康結果，帶來自覺的進化。何不選擇自覺的道路、喜悅的道路？何不自覺地走在這段通往靈魂居所的旅程，將你的世界注滿愛並活在那個地方？那地方就是你透過意圖將能量轉變為物質的所在。

所有的路都能帶你回家。

前言

撰寫《物理之舞》一書的當時和那之後幾年，詹姆士（William James）、榮格、沃夫（Benjamin Lee Whorf）、波爾（Niels Bohr）、愛因斯坦這些人的著作一直吸引著我，使我再三拜讀。我在他們的作品裡發現一種很特殊的東西，但卻一直到後來才了解這種特殊的所在。這些人都觸及了一種東西，可是卻無法直接從作品中表現出來。他們看到的東西用心理學、語言學、物理學的語言無法表達出來，但他們卻努力要和我們分享所見。當時吸引我的，就是他們經由作品努力和我們分享的東西。

他們都是神祕家。這是我說的。他們雖然不說神祕的語言，然而他們懂。但是如果把他們歸納為不以科學模式工作的人，他們又擔心自己的工作受到誤解。不過，在內心深處，他們看到太多東西都受到五官的限制；當然他們自己沒有。他們的著作不但促成心理學、語言學、物理學的進化，也促成讀者的進化。他們能夠改變並觸及那些如他們所見的讀者。只是，這些讀者觸及的方式，一樣也是無法用心理學、語言學、物理學的語言來表達。

我回想那些他們的作品吸引我的地方。我一開始去了解，也就隨之了解他們的原動力並不是世俗的回報、同僚的尊敬，而是靈魂和心靈都專注於某一樣東西，從而達到一種超凡境界。他們的心靈在這種境界裡面，不再產生他們原先想要的資料；他們置身於靈感的境地，內在的直觀一直加速，發現有一種東西是超越時空，超越物質，也超越自然生命。他們知道，因為他們沒有什麼方法可用來談論這種東西，所以他們不一定說得清楚；不過他們卻能感覺到這種東西，而且從作品裡反映了出來。

換句話說，我了解到的是，這些人，以及其他很多人的原動力，這是一種來自於「人格」（personality）之外的大悟。事實上，這種大悟如今已經開始吸引我們每一個人，只是方式各有不同。這種大悟不只是悟，還是一種新生的力量。我們進化旅程的下一步，就是這種悟。人，人類，如今開始渴望接觸這股力量，渴望消除干擾，以便確確實實和這股力量接觸。只是，要表達這一股新生的力量，這股永恆的力量，大部分的問題在於詞彙；因為這樣的詞彙還沒有誕生。

然而，人類進化的此時此刻，這種適當的詞彙和表達方法已經開始渴望誕生，那股力量亟欲取代宗教情操和靈性，進駐到「真實力量」（authentic power）這個地位；適當的詞彙和方法就是要來表達這個東西的。我們身為一個物種，如今第一次自覺地觸及這個東西，所以我們應該給它一個清楚的詞彙，讓人類在行動與判斷中能清楚辨認。我們要看得清楚，不再透過神祕事物或神祕論的面紗，而要毫無疑問地看到這股真實力量在我們這個人間的力場上運動。這點，我希望本書能有所助益。

要談我們是什麼東西，又要變成什麼東西，我有個方法。我用的是「五官」（five-sensory）和「多官」（multi-sensory）這兩個名詞。多官並不是比五官好，只是在目前比五官恰當。隨著舊經驗體系的式微，進步經驗體系的產生，舊體系會顯得比較不足。但從宇宙的觀點，比較的程度並不是多少或好壞，而是局限與機會。

多官人的經驗，在局限上比五官人少；提供的成長機會和發展機會比較多，也較有機會避免莫須有的問題。我一直拿五官人的經驗和多官人的經驗比較，希望盡可能將兩者的差別弄清楚。但是，這種比較並不表示我們目前進化上的五官階段，比我們即將進入的多官階段要來得差。我們要比較，意思只是說，五官如今已經不適合。這就好比因為有了電，所以點蠟燭不再適合一樣。然而，電的發明並沒有使蠟燭變成不好的東西。

我們有誰是人類經驗的專家？我們有的只是共享知覺的天賦，希望對踏上旅程的人有所幫助而已。所以沒有所謂的「人類經驗專家」這種人。人類經驗是「動」的經驗，是思想和形式的經驗；有時候還是「動」的實驗，思想和形式的實驗。我們所能做的，充其量只是評論這種「動」，評論這些思想和形式。但是，只要評論者能夠幫助人行動從容，思考清晰，像藝術家一般組織生活物資，那麼他們的評論自然就很有價值。

我們置身於一個深層變革的時代。如果我們能夠看清自己要走的路，看清自己的目的地，看清何者在不停運動，我們就能夠承受變革，走得輕鬆。

本書提供的是一扇窗戶，我從這扇窗看到了生命。現在，我將這扇窗提供給各位。但是，我沒有說各位一定要接受。條條道路通智慧，通心靈。這是我們最大的財富，也給了我最大的快樂。

我們有很多事要一起做。

讓我們用智慧、愛、歡樂來做。

讓我們把這件事變成人的經驗。

第一部

導引

INTRODUCTION

01 進化

我們在學校裡學到的進化，是一種自然界的進化。譬如我們說，海洋裡的單細胞生物是一切複雜生命的祖先。所以，魚比海綿複雜，比海綿演化充分。所以，馬比蛇複雜，比蛇演化充分。所以，猴子比馬複雜，比馬演化充分。依此類推，直到最複雜的人類。所以人類是地球上演化最充分的生物。綜合以上觀點，換句話說，學校裡教我們的就是：組織複雜度的進步發展就是進化。

這個定義表達了一個觀念：最能控制環境和其他有機體的有機體，就是演化最充分的有機體。「適者生存」這個觀念，意指在一個環境裡，凡是居於食物鏈最高點的有機體，就是演化最充分的有機體。根據這個定義，最能夠保證自己生存、最能夠維護自己生命的有機體，演化程度也最高。

我們早就知道這個定義有缺陷，卻不知道為什麼。兩人聯姻，就組織的複雜度而言，他們的演化程度是一樣的。如果這兩人智力相等，可是一人自私吝嗇、心胸狹窄，另一人卻寬宏大度、利他讓人，我們就說這個寬宏大度的人演化比較充分。一個人用自己的身體抵擋槍砲或汽車，自覺地犧牲生命拯救他人，我們就說這個人的演化已達到最高點。我們知道這些事都是真的。然而，這卻和我們所了解的進化不一樣。

據說，耶穌事先就看到有人要謀害祂的生命，祂連祂朋友要採取什麼行動，要怎樣接應這些細節都知道，但是祂卻沒有逃避。祂將自己的生命「給了」別人；這樣的愛和力量，影響了所有的人類。所有尊敬祂的人都認為，祂是我們這個物種演化最高的人。即使只是聽聞過祂的故事，也多半會同意這點。

我們深刻地了解到，一個真正演化的存有（being），會重視他人甚於自己，重視愛甚於自然界及其中一切。所以，現在我們應該將自己對進化的認知和這種深刻的理解銜接起來。這點非常重要，因為我們目前對進化的了解，反映的就是我們即將離開的階段。仔細考察這種理解，我們將認識自己是怎樣演化成目前這個樣子，離開的過程中，我們又是什麼樣子。然後，再進行新的、開闊的——和我們最深的真相一致的——了解以後，我們將看到自己往後演化的情形，看到就我們的經驗、我們重視的事物、我們的行動而言，這種演化有什麼意義。

我們目前對進化的了解，是一個事實的結果。這個事實就是，我們演化至今，一直都是藉由五官來探索自然界。到目前為止，我們一直是五官的人類。這種進化的途徑使我們用具體的眼光看待宇宙的基本原理。我們從五官看到每個行動都有因，有因就有果，每個果都有因。我們看到自己的意圖會產生結果。我們看到憤怒會殺人。憤怒奪走呼吸——生命力，使我們流血——生機的媒介。我們看到仁慈滋養人心。我們看到也感受到咆哮的後果、微笑的結果。

我們體驗到自己處理知識的能力。譬如，我們發現棍子是種工具，怎樣用它，它就會產生怎樣的效果。棍子可以打死人，也可以敲柱子入土蓋房子；矛可以取人性命，也可以當作槓桿，減輕負擔；刀子可以割肉，也可以裁布；手可以製造炸彈，也可以建設學校；心可以計畫暴力行為，也可以協調合作行為。

我們看到為生活行為注入一股敬意，一切就會生意盎然，充滿意義和目標。我們看到生活行為如果缺乏敬意，結果就是殘酷、暴力、孤獨。大自然的競技場是絕佳的學習環境。

大自然競技場是一所學校；這所學校裡，透過實驗，我們知道什麼東西使我們擴展，什麼東西使我們萎縮；什麼東西使我們成長，什麼東西使我們退步；什麼東西滋育我們的靈魂，什麼東西使靈魂枯竭；什麼東西有效用，什麼東西沒有效用。

由於我們只用五官的觀點看自然環境，所以看不到別的進化方式，於是生存變成了進化的基本規則。就是因為這種觀點，讓「適者生存」似乎成了進化的同義詞，主宰自然似乎也成了高等進化的特徵。

由於我們對自然界的知覺受到五官的局限，於是恐懼成了大自然競技場上生命的基礎。控制環境及環境事物的力量，似乎成了一種不可或缺的力量。

主宰自然的需求製造出一種競爭性。這種競爭又影響到我們生活的每一面。這種競爭影響愛侶的關係、列強的關係、手足的關係、種族的關係、階級的關係、兩性的關係。這種競爭破壞了國家之間、朋友之間那種和諧相處的自然傾向，導致十字軍東征巴勒斯坦、美國軍艦駛向波斯灣、美軍進駐越南的，就是這種能量。使羅密歐家族和茱麗葉家族隔絕的能量，就是使黑人丈夫本家和白人妻子娘家隔絕的能量。使奧斯華（Lee Harvey Oswald）行刺約翰．甘迺迪的能量，就是使該隱殺害亞伯的能量。兄弟姐妹爭吵，理由和同一個公司內部競爭一樣，都是為了爭取力量、控制對方。

控制環境及環境事物的力量，就是要控制一切所感、所聞、所嚐、所聽、所見。這種力量是外在的力量。外在的力量和股票、選舉一樣，可得也可失。外在的力量可買、可偷、可轉讓、可繼承。我們認為外在力量可以從他地或他人身上獲得。一個人得到外在力量，就等於另一個人失去外在力量。準此，將力量以「外在」視之，造成的結果便是暴力和毀滅。我們所有的社會、經濟、政治制度，都反映出我們將力量視為「外在」的觀點。

家庭和文化一樣，有父系也有母系。人要「穿褲子」，小孩子從小就學會這點，於是這點塑造了他們的生活。警察和軍隊一樣，都是「外在力量」這種知覺的產物。徽章、警棍、階級、無線電、制服、武器、盔甲，這些東西都是恐懼的象徵。佩帶這些東西的人，心裡都有恐懼。他們害怕毫無防備地走進世界。

此外，看到這些象徵的人也有恐懼，他們或者害怕這些象徵代表的力量，或者害怕等同於這種力量的人；也許兩者都怕。警察和軍隊，如同父系或母系家庭、文化，都不是「把力量當外在看待」這種知覺的起因。剛好相反，這些東西所反映的正是我們身為一個物種和個體看待力量的方式。

將力量視為外在的觀點，塑造了我們的經濟。控制社群與國家經濟的能力集中在少數人手裡，所以為了保護工人，我們建立工會；為了保護消費者，我們建立了政府部會；為了保護窮人，我們建立了福利制度。這些東西就是最好的反映，顯示我們是怎樣看待力量——少數人占有極多，多數人則淪為受害人。

金錢就是外在力量的象徵。最有錢的人也最有能力控制環境、控制環境事物。最沒錢的人也最沒有能力去控制環境、控制環境的事物。金錢可以得，可以失，可以偷，可以繼承，可以爭奪。教育、社會地位、名聲、財產這些東西，如果我們能夠從其中獲得安全感，便是外在力量的象徵。不管什麼東西，房宅、汽車、誘人的身體、敏捷的心思、深刻的信仰，只要我們擔心會失去的，都是外在力量的象徵。我們擔心的是自己會變得脆弱，這種擔心就是從視力量為外在而產生的。

一旦將力量視為外在，那麼社會、經濟、政治的階層結構，乃至於宇宙的階層結構便都成了指標，指明誰有力量，誰沒有力量。最上面的力量最大，所以價值最高，也最強壯；最下面的力量最小，價值最低，也最脆弱。從這樣的認知來看，將軍比二等兵有價值，經理比司機有價值，醫生比接待員有價值，父母比孩子有價值，神比崇拜者有價值。我們不敢冒犯父母、老闆、上帝。這一切人格有高有低的認知，都是從視力量為外在而來。

追求外在力量的競爭，是一切暴力的核心。一切意識形態的衝突（譬如資本主義對共產主義）、宗教的衝突（譬如愛爾蘭天主教對愛爾蘭基督教）、地緣的衝突（譬如猶太人對阿拉伯人），背後的二度收益都是外在力量。

視力量為外在的這種認知，使我們的心靈分裂——不論是個人心靈、社群心靈、國家心靈，還是世界心靈。世界發生戰爭和重症精神分裂沒有兩樣，破碎的靈魂和破碎的國家，兩者痛苦是一樣的。先生和妻子競爭力量的時候所發動的動力，和一個種族害怕另一個種族所發動的動力都一樣，我們就是從這樣的動力學獲得了目前對進化的了解，那就是，主宰環境和他人的能力一直增加，就是進化。這個定義反映出用五官知覺自然界的局限，也反映出外在力量的競爭就是源自於恐懼。

經過了一千年對他人的野蠻，包括個人對個人的野蠻，團體對團體的野蠻，我們現在已經知道視力量為外在的這種認知背後所潛藏的不安，無法用外在力量的累積來消除。視力量為外在的東西，只會造成痛苦、暴力、毀滅。這點我們每個人都看得到，每一檔新聞、每天的晚報都在訴說我們身為個體、身為種族所承受的無數痛苦，也在告訴我們，我們就是這樣演化至今。

但是，如今我們即將揚棄。

我們對此深刻的了解，引導我們能夠走向另一種力量。這種力量熱愛每一種生命，不判斷自己遇見的事物，在世界最微小的事物上也能知覺到意義和目標，這才是真實的力量。我們一旦把思想、感情、行動，和自己最高的部分銜接起來，便會充滿熱情、目標、意義，讓生命豐富圓滿。我們沒有痛苦的意念，沒有恐懼的記憶，我們快樂地和世界結合，這些都是真實力量的經驗。

真實的力量擁有我們存有最深處的根源。真實力量買不到、無法繼承，也無法囤積。真正獲得真實力量的人無法使誰變成受害者，他們非常強且充滿能量，所以意識裡沒有以霸道對待人的觀念。

我們已經開始走向真實的力量。獲得這種真實力量，是我們進化過程的目標、我們存在的目的。任何對進化的了解，如果其核心不這樣認為，都是有缺陷的。我們已經開始從追求外在力量的物種，演化為追求真實力量的物種。我們即將離開完全以探索自然界為進化手段的階段。對於我們必須成為的物種而言，這種進化手段已經不夠，從受限於五官的覺察力產生的意識也已經不夠。

我們即將從五官人演化為多官人。我們的五官形成一整個感官系統，為的是要知覺形體界。多官人的知覺，從形體界擴展到各大動態系統。我們的形體界只是這些大動態系統的一部分。多官人能夠知覺，能夠欣賞我們的形體界在大進化情景中扮演的角色，也能夠知覺、欣賞這個形體界創造與維繫的動力。但是對於五官人而言，這個領域卻是看不見的。

然而我們卻在這個看不見的領域發現了自己最深刻價值觀的源頭。從這個看不見領域的觀點，甘地等人為了高等目標而自覺地犧牲生命，其動機是有道理的。甘地的力量和基督的慈悲行為，都可以理解為圓滿，這種圓滿在五官人是看不到的。

我們所有偉大的導師都是多官人。他們對我們說話，他們的行為符合多官存有的大觀點才擁有的知覺與價值觀。所以，他們的言行喚醒了我們內心認識真理的能力。

從五官人的知覺看，我們在自然的宇宙間很孤獨。但從多官人的知覺看，我們絕不孤獨。宇宙是活的、有意識、有智慧且慈悲的。從五官人的知覺看，自然界是不可解的事物；我們在這個不可解的事物中，不可解地發現自己。我們盡力主宰這個事物，好讓自己生存下去。但是從多官人的知覺看，自然界卻是用來學習的地方，是共有它的靈魂所一起創造的；其中發生的每件事，都是供他們學習之用的。

從五官人的知覺看，意圖不會有結果。行為產生的結果都是實際的東西，行為不一定影響自己或他人。但是從多官人的知覺看，行為背後的意圖決定了行為的後果，每個意圖既影響自己，也影響他人。意圖的影響遠及自然界之外。

然而，我們說有個「看不見」的領域存在，我們深刻的了解就是源於這個領域。這樣講是什麼意思？這個領域的存在用五官偵測不到，可是卻有人知道、了解、探索過？討論這些有什麼意義？

如果有人提出一個問題，可是在常識的架構裡找不到答案，那麼，你可能將這個問題歸為荒謬或斥之不當，但或者，你也許可以擴大自己的意識，來容納一個可以解答問題的參考架構。面對看似荒謬或不當的問題，前兩者是輕易打發的方法，而一個真正的追尋者、真正的科學家，會將自己擴展到一個更大的參考架構裡，從這個參考架構尋得答案。

身為一個物種，因為能提問，所以我們一直在問：「有沒有上帝？」「有沒有聖智？」「生命有沒有目的？」如今時機已經成熟；我們將擴展我們的架構來解答這些問題。

我們可以從多官人的大參考架構中，對人格和靈魂做一種經驗上有意義的區別。你從出生、存活到死亡的時間裡，你的人格是這樣的你的一部分。做人和有人格是同一件事。你的人格和你的身體一樣，都是用來進化的交通工具。

你決定的事情，你在地球上的行為，都是進化的手段。任何一刻，只要你選擇了一個意圖，這個意圖就會塑造你的經驗，也會塑造一些事情讓你專注其間，並影響你的進化過程。每個人都是這樣。你的選擇不自覺，你的演化就不自覺。你的選擇有自覺，你的演化就有自覺。

恐懼和殘暴是人類存在狀態的特徵。這種感情只有人格才會有。只有人格能夠感受憤怒、恐懼、憎怨、仇恨、悲傷、羞恥、懊悔、冷漠、挫折、犬儒、孤獨。只有人格才會判斷、操縱、壓榨。只有人格才會追求外在力量。人格在人際關係上也能夠愛，能夠慈悲，能夠明智。但是，愛、慈悲、智慧，卻不來自於人格，而來自於靈魂。

你是不朽的。你的靈魂是這樣的你的一部分。每個人都有靈魂。但是，由於知覺受制於五官，因此人格無法覺察自己的靈魂，所以也就不認識自己靈魂的影響力。

然而，如果人格變為多官人格，那麼，他的直覺（預感和微妙的感覺）對他就很重要。多官人格能夠感覺自己或身邊的事物，也能感覺到周遭的狀態，並從這些狀態中發現自己。但是，這些事情和狀態，他卻無法用五官提供的資訊來解釋。多官人格能夠辨認意圖，並且回應意圖，而非回應自己遭遇的言行。譬如說，他能夠從粗魯憤怒的外表認識裡面溫暖的心，從巧言令色當中認識背後冷酷的心。

多官人格如果向內觀察自己，會發現很多東西在流動。透過經驗，他懂得分辨這東西，認識其中每一種對感情、心理和生理會產生什麼影響。譬如說，他知道哪種東西會製造憤怒，製造分裂的意念、破壞的行為；哪種又會產生愛，產生滋養人心的意念、建設的行為。他會及時認清那些產生創造、療傷、愛的東西，並且重視這些東西；他會向那些製造衝突、消極、暴力的東西挑戰，然後釋放這些東西。人格，就這樣開始體驗自己靈魂的能量。

你的靈魂並不是被動的或理論的實體，徒然在你胸腔左近處占據一個空間。靈魂是你存有核心裡一股積極有目標的力量。你的這部分了解你涉身其中的能量動力的非人格本質，這一部分會去愛而不受限制，接受而不判斷。

如果你想知道自己的靈魂，第一步就是先承認你有靈魂。接下來就是思考：「如果有靈魂，我的靈魂是什麼？我的靈魂需要什麼？我和我的靈魂有什麼關係？我的靈魂怎樣影響我的生活？」

一旦承認、認識、重視靈魂的能量，這種能量就會注入人格的生命裡。人格開始完全為他靈魂的能量服務，就等於獲取了真實的力量。這就是我們置身進化過程之中的目標，也是我們存在的原因。你在地球上所有的經驗，以後會有的經驗，都在推動你的人格和靈魂銜接。每種環境，每個狀況，都給你機會選擇這條路，使靈魂透過你發光，透過你，將無盡而不可測的生命之愛與敬意帶給自然界。

本書要講的就是獲得真實的力量——人格與靈魂的銜接，還有這種銜接涉及什麼，如何發生，又創造了什麼。要了解這些事，首先要了解那些五官人看來很不尋常的東西。你一旦了解進化是五官知覺走向多官知覺的旅程，了解自己不會永遠停留在五官階段，這些東西就會變得非常自然。

★欲應用本章節所學與深化自身的經驗，請參看〈學習指南〉第一章。

02 業力

大部分人都認為我們參與進化的過程只限於此生。我們已經習慣這樣理解。但是這種看法反映的是五官人格的知覺。從五官人格的觀點，所有事物的存在都不超過自己一生；而在五官人的經驗裡，一切事物無非就是自己。

多官人和五官人一樣，也了解所有事物的存在都不超出自己的一生，但是卻額外覺察到有靈魂的存在。你人格的這一生，是你靈魂無數經驗裡的一次經驗。靈魂的存在是超越時間的。靈魂的知覺非常廣大，靈魂的知覺不受人格的限制。靈魂選擇生命的形體經驗，在我們看來就是一種進化的途徑。

大體來說，靈魂選擇生命的形體經驗，即是藉由許多心理事物和生理事物，將自己的能量轉現出來。每一次的轉現（incarnation），靈魂都創造了不同的人格和身體。在五官人看來，這個人格和身體，即是他存在的全部經驗。但是在他的靈魂看來，這個人格和身體，卻是這一次轉現獨特的工具，也是最適當的工具。

每一個人格，以他自己的方式、自己的慧根和課題，自覺或不自覺地對自己靈魂的進化做出貢獻。母親的生命，戰士、女兒、僧侶的生命；愛的經驗，脆弱、恐懼、喪失、溫柔的經驗；憤怒、藐視、空虛、嫉妒，這一切都在促成靈魂的進化。一個人格和他身體所有生理、感情、心理的特徵（包括臂膀強壯或瘦弱、智力魯鈍或聰明、性情快樂或悲觀、皮膚黃或黑，甚至於頭髮和眼睛是黑色、是褐色）都完全適合他靈魂的目標。

五官的人格覺察不到自己靈魂的其他轉現，多官人格卻能意識或經驗到這種轉現。這種轉現可以是這個多官人格的過去世（past lives），也可以是未來世（future lives）。可以這麼說，所有的轉現和這個多官人格都屬於一個世的範疇，但卻不是這個多官人格的這一生。

從靈魂的觀點，他所有的轉現都是同時轉現，所有的人格都是同時存在。靈魂的一次轉現裡去除了「惡業」，對其他所有的轉現都有幫助。因為，靈魂是不受限於時間的。人格一旦消除了恐懼與疑惑之流，不但他的未來，連同他的過去都會一起提昇。同時我們將看到的是，一個人格一旦消除了「惡業」，那麼其他的意識動態都將跟著受益。這種情形，有時候五官人可以知覺到一部分。但是對他而言，他知覺到的這些東西既非意識的動態，和他內在的過程（如性、種族、民族、文化的意識和進化）也沒有什麼關係。除了他知覺到的這個部分，其他的都遠遠超過五官人的知覺能力之外。所以，一個人自覺的一生，就是無以估價的珍寶。

人格和身體是靈魂的造作面。人格和身體一旦在一次轉現裡完成了功能，靈魂就把他們釋放，最後他們會終了，可是靈魂不會。每次轉現以後，靈魂就回到不朽的狀態，超乎時間的狀態，也就是再次回歸到慈悲、清明、無限愛的狀態。

靈魂的能量一次次在自然競技場、在地球學校轉現，這就是進化進行的脈絡。

為什麼會這樣？為什麼我們要談到人格和靈魂？

靈魂的轉現即是將靈魂的力量大幅削減，使它的規模適合形體形式。這樣的削減，就是將一個不朽的生命系統削減，然後納入幾十年的時間架構裡。這樣的削減，削減的是一個以直接經驗同時參與無數一生的知覺系統。其中無數的一生，對形體的五官而言，有的是形體的，有的卻是非形體的。靈魂自覺地選擇這種經驗，為的是要「治療」。

人格就是靈魂裡需要治療的部分，而另外的部分（譬如慈悲與愛）則是靈魂借給人格這一生的治療過程。靈魂破碎的部分、需要治療的部分，必須在形體物質裡互相作用，才會恢復完整。人格好比曼陀羅，是將破碎的部分放到完整的部分之內而形成的。人格就是靈魂想在這一生治療的部分，需要體驗形體物質的部分，靈魂讓你得以參與這個治療過程的部分。所以，你可以在一個人的人格上看到痛苦的部分，也看到高貴的部分。前者形成人格，後者則屬於人格裡愛的部分。

靈魂可以有一部分在經驗大愛，一部分經驗恐懼，一部分可能中立，一部分經驗精神分裂，一部分則非常慈悲。試想，靈魂的力量多偉大！這些部分只要有某些缺陷，靈魂形成的人格就會失去協調。靈魂若能從自己和形體轉現接觸的部分從容的流過，就是協調的人格。

靈魂存在就是存在。靈魂無始無終，一直流向完整。人格則是從靈魂以自然力的形式出現。靈魂為了在形體界運作，所以用人格做為能量工具。每個人格都是獨特的；因為，靈魂聚集以形成人格的能量都是獨特的。我們可以說，和形體物質交互作用的，正是靈魂的「外在性格」（persona）。那是你姓名的振動面所形成的產品，是你這次轉現時，和星球關係的振動面所形成的產物，是你能量環境的振動面所形成的產物，也是你靈魂的破碎面所形成的產物。這個破碎面需要和形體物質交互作用，才能夠恢復完整。

人格無法離開靈魂獨立運作。人必須觸及自己的人格深度，才能得到撫慰；因為，意識的能量是集結在意識的核心，而非意識的造作面。人格就是意識的造作面。

有時候，人格會在世界上顯現為四處流竄的力量，沒有和靈魂的能量銜接。這種情形可能就是我們所謂「惡人」生成的源頭，也可能是精神分裂生成的源頭。這是人格無法在他的母性（即他的靈魂）中找到參考點，或自己和母性的關聯造成的結果。一個人生命的衝突，和他的人格能量與靈魂的距離成正比；並且我們將會看到，他也無法在創造方面負起責任。人格如果完全平衡，你就看不到他在哪裡結束、靈魂從哪裡開始。這樣的人是完整的人。

靈魂的治療牽涉到什麼東西呢？

大部分人都慣於認為我們必須為自己的某些行為負責，但是某些行為卻不必。譬如，好的行為使鄰人和我們結合在一起，或者使我們對鄰人有好的回應，我們都認為這是因為我們的緣故。但是，如果我們和鄰人吵架，對鄰人生出壞的回應，我們都認為這不是因為我們的緣故。為了旅途平安，我們認為自己有責任先檢查汽車再出發。但是，如果我們在路上超車，因而差點釀成車禍，我們卻認為對方必須負責。這輛車——在我們看來——開得太慢了。如果我們因為做生意成功而衣食無缺，我們會認為那是我們自己的努力，但如果我們得靠偷竊才有飯吃、有衣穿，我們就歸咎於窮困的童年。

對很多人而言，要我們負責，就等於卡在那裡一樣。我有個朋友，每年都要回義大利的故鄉。有次他告訴我，他和家人出去吃晚飯遇到的趣事，說完還眨了下眼睛。他說，那次吃完飯，帳單送來，他那一絲不苟的父親開始一項項檢查帳單。帳單的字跡很潦草。他父親經過一番研究，終於看出最後一項竟然是短短的一句話。大略的翻譯是：「如果沒發現，就過去了。」他父親把服務生找來，質問這道是什麼菜。服務生只是聳

聳肩膀說：「沒過去。」＊

然而，如果我們去店裡買東西，店員找錢找多了，通常我們會認為收下沒關係。這件事對我們生活的影響充其量只是一筆「意外之財」，但實際上，我們的每一個行為對我們都影響深遠。

我們的每個行為、意念、感情，都是意圖激發的。意圖的存在是因，是因就有果。只要參與了因，就不可能不參與果。我們都要為自己的行為、意念、感情負責，也就是為自己的意圖負責，最深刻的道理就在此。我們都必須參與自己每個意圖的結果。所以，我們必須覺察許多激發經驗的意圖，辨別什麼意圖會產生什麼結果，並依照自己意欲產生的結果來選擇意圖，這才是明智的做法。

這是我們小時候學習形體界的方法，也是長大以後改良知識的方法。肚子餓的時候，我們就感受到哭的效果。為了得到自己想要的果，我們會一再做什麼因。我們一旦學到手指伸進電插座的後果，就不會再做產生這個果的因。

我們也從自己在形體界的經驗，學習意圖和意圖產生的結果。但是，如果我們只能

＊譯注：意思是：「這道菜沒有上。」作者意指餐廳想矇混過關，但在被客人發現以後，卻只是聳聳肩膀說：「沒有上。」不想負責。

在形體物質中學習這些東西，這樣的學習就會很慢。譬如，忿恨會造成人與人之間的敵視和疏遠。然而，我們可能要感受個十次、五十次，甚至一百五十次自己和他人的距離，感受自己和他人的對立，才會了解那是一種對我們而發的忿恨傾向，一種疏遠和敵視的意圖；這種傾向和意圖——並非哪些特定的行為——產生了我們不喜歡的結果。五官人絕大部分都是用這種方法學習事物。

形體和現象裡的因果關係，反映出一種形體界以外的動力。這種動力就是業力。形體界的萬事萬物，包括我們每個人，都是一個動力系統中的一小部分。這個動力系統遠比五官人所能知覺的更廣大。譬如，你的愛、恐懼、慈悲、憤怒，其實都是一個大能量系統中的愛、恐懼、慈悲、憤怒的一小部分而已，只是你看不見這個大能量系統罷了。

在形體界，第三運動定律可以反映業力的動力：「有一作用力發生時，必有一反向且等量的反作用力發生。」換句話說，統御進化系統能量平衡的業力大法，反映在形體和形體現象，就是統御形體界能量平衡的第三運動定律。

業力是非人格的能量動力。業力的結果一旦人格化，也就是說，一旦用人格的觀點來經驗業力，經驗的方向就會倒轉過來，從意圖者的能量反方向回到他身上。第三運動定律所謂「反向且等量的反作用力」這種非人格動力，在我們的人格經驗起來，就是這樣。對他人懷著忿恨，就會感受到他人的忿恨。對他人懷著愛，就會感受到他人的愛。「黃金律」就是建立在業力動力上的行為指南。業力，人格化的說法就是：「你給世界什麼，世界就給你什麼。」

業力並不是道德動力。道德是人為之物。宇宙從來不判斷什麼，業力只是統御我們道德系統的能量平衡。業力是宇宙的非人格老師，教導人類「責任」這個課題。

一個因如果沒有產生果，就不算完成，這種情形就是求取平衡過程中能量的失衡。能量平衡不一定在人的一生裡完成。你靈魂的業力，是你諸多人格，包括這一世你的行為所創造的，也由這些人格行為來平衡。通常一個人格經驗到的果，往往是他靈魂的其他人格所製造的；反過來說，他製造的能量失衡，往往也無法在這一生就平衡過來。此外，由於不認識靈魂、轉現、業力這些東西，所以人格往往無法了解自己一生中發生的事，也無法了解自己對這些事情反應造成的結果。

譬如，一個人如果喜歡利用別人，他製造的能量失衡，往往也要由受他人利用平衡回來。這點如果無法在這一生完成，他靈魂的另一個人格就要受他人利用。這個人格如果不了解自己受人利用是前因所造成的果，而且是完成一個非人格的過程，那麼他就會從人格的觀點（而非從靈魂的觀點）去反應這件事。於是他開始憤怒，或者怨恨，或者懊喪，他開始攻擊對方，或者憤世嫉俗，或者暗自悲傷，這每一種反應都會製造業力，製造能量失衡，於是又需要重新平衡。就這樣，我們償還一筆業力的債，又欠下另一筆業力的債。

一個小孩子早夭，我們實在不知道這個孩子的靈魂和他父母的靈魂做了什麼約定，也不知道孩子早夭，是要治療他的什麼東西。我們同情父母的痛苦，卻無從判斷這件事。孩子的父母，或者我們，如果不了解這件事背後的動力是非人格的，就會怨天尤人，互相責怪，要不就是怪自己當初沒有如何如何。這種反應都會製造業力，於是出現更多課題要靈魂學習——也出現更多業力的債要靈魂償還。

靈魂為了恢復完整，必須維持能量的平衡。他必須經驗自己的因所造成的果。靈魂能量失衡，即是靈魂每個形成人格的部分都殘缺不全。每個人格的互動，即是靈魂在尋求治療。靈魂間的互動是否具有治療效用，端視人格是否能夠超越自己和其他人格，看到他們靈魂的互動而定。只要看得到，這種知覺自然會引發我們的慈悲心。我們的每次經驗、每次互動，都在提供你機會，讓你從人格或靈魂的觀點去察看。

但是，這樣說，就實際情況而言是什麼意思？人格如何才能夠超越自身，看到自己的靈魂和其他靈魂的互動？

由於我們無從知道每次的互動治療了什麼、了結了什麼業力債務，所以我們不能光從看到的事情來做判斷。譬如，我們冬天看到有人睡在陰溝裡。我們並不知道他的靈魂要藉此完成什麼事，也不知道是不是他的某一生曾經做了殘暴的行為，於是今生選擇完全相反的方向，變成他人施捨的對象，來體驗相同的動力。所以，對於他的處境，我們應當以慈悲心回應。但是，如果認為他的遭遇不公平並不恰當，因為其實沒有不公平。

確實有些人格是自私、消極、怨恨他人的，但即便如此，我們還是無法清楚知道為什麼，箇中的原因總是隱而不顯。不過，這並不是說我們看不到人的惡業，而是說我們不能去批判他。如果我們為此和人爭辯吵架，這樣的干涉就很不恰當，因為這麼一來，我們已經對其中的人做了判斷。我們只知道一件事，那就是，一個人做了暴力行為，確實會嚴重傷害別人，因為靈魂如果健康平衡，根本不會傷害別人。

我們判斷人的時候，同時就製造了惡業。判斷是人格的作用。我們說哪個靈魂「她很值得」、「他不值得」時，就製造了惡業。我們說某人的行為「這樣對」、「這樣做不對」時，就製造了惡業。然而，這並不是說我們不應該針對自己的狀況採取適當的行動。

譬如，我們開車被另一輛車給撞了。開那輛車的人酒醉駕車。這種情況，我們確實應當經由法院要求這個人負責修好你的車。而且，當天在這個人還沒有清醒之前，應當被禁止開車。但是，你卻不應當任由憤慨、無辜、受害這種感情挑起什麼行動。這種感情都是我們對自己和對方做了判斷以後產生的。我們在這種評價當中，認為自己優於他人。

如果我們按照感情採取行動，那麼非但會增加自己靈魂的業力負擔，而且也無法進入這些感情，從這些感情中學習東西。感情是一種手段，讓我們分辨靈魂想要治療的部分，也讓我們看到靈魂在形體中的行動。你的靈魂之路通過你的心。

我們若要啟動靈魂的觀點，就不能再判斷他人；即使是殘酷的判決、燔祭、嬰兒夭折、纏綿病榻、癌症病人臨死前長久的痛苦，諸如此類難以理解的事情也不要去判斷，因為我們不知道這一切痛苦到底要治療什麼東西，也不知道這個求取平衡的能量環境有些什麼細節。我們應當感受的是，他人這種處境在我們心裡喚起的慈悲，並且依照慈悲採取行動。但是，如果我們對這些事和人做了判斷，就會製造惡業。惡業就必須平衡；我們自己也就成了需要平衡的靈魂。

然而，如果我們不去判斷，如何產生正義？

甘地一生遭遭遇過幾次行刺，有兩次幾乎死去，但是他卻不肯控告刺客。因為他認為他們只是在做「他們認為正確的事」。「不判斷地接受」是甘地一生的立場。基督曾經遭人唾臉，也受人折辱，但是祂對這些人都不做判斷。對於這些人，祂不是要求上帝報復，反而要求上帝原諒。甘地和基督難道不懂正義嗎？他們懂的是非判斷的正義。

什麼是非判斷的正義？

非判斷的正義是一種知覺；這種知覺使我們看清生命的一切事物，卻不引發壞的感情。非判斷的正義免去了你自任審判與陪審的任務，因為你知道每件事情都看得見，沒有一件事情逃得過業力法則；這種知道又帶來了了解與慈悲。

非判斷的正義就是見自己所見，經驗自己所經驗，卻不以壞的反應去回應。非判斷的正義使你直接體驗宇宙智慧、光輝、愛的洪流。我們的形體界只是這個宇宙的一部分。因為了解靈魂，了解靈魂的演化，所以我們很自然流露出非判斷的正義。

這樣說來，這就是我們進化過程的架構：靈魂的能量為了治療的目的，一次次轉現為形體，並依照業力法則尋求平衡。不論身為個體或物種，我們都藉由從無到有獲得真實力量的過程，在這個架構之內演化。然而，我們以後在這個過程中遭遇的經驗，並不一定就是到目前為止我們所遭遇的這種經驗。

★欲應用本章節所學與深化自身的經驗，請參看〈學習指南〉第二章。

03 敬意

業力和轉現的架構是中立的。大自然競技場裡的行為和反應會使能量運轉，形成經驗，並在過程中揭示一些課題讓靈魂學習。如果我們的行為使自己和他人不合，我們自己在這一生或另一生，就要感受這種不合。同理，如果我們的行為創造了真實力量，使我們和他人和諧，我們也會感受到和諧與被賦予力量。這種情形讓我們體驗到自己創造的事物所產生的結果，並且從這裡學習創造責任。

業力和轉現的架構是非人格的。這個架構對人格的行為起反應時，將為每個靈魂提供演化所需的經驗。所以，人格處理進化過程的態度或傾向，將決定他的靈魂進化時需要什麼性質的經驗。譬如，愛生氣的人，總是一碰到問題就生氣。這樣的態度或傾向，製造了他體驗生氣後果的必要。悲傷的人用悲傷反應問題，於是製造了體驗悲傷後果的必要。依此類推。

然而，一個人雖然憤怒，卻尊重生命，那麼他對問題的反應，將和只是憤怒卻對生命毫無敬意的人完全不同。一個人對生命缺乏敬意，反擊生命的時候將毫不猶豫。殺害他人或殺害生物釋放出來的暴力，比憤怒的話語嚴重多了。殺戮造成的業力負擔中——能量的失衡——只有用相同的殘暴才能平衡過來。因此，一個有敬意的人自然能免除沒有敬意的人遭遇到的嚴重業力後果。

但是，即使我們這個物種的所有人都懷抱敬意，我們依然必須通過目前這個進化階段。就算每個人都對生命抱持敬意，改變的也只是進化過程中我們學習行為的性質而已。

換句話說，即使今天我們開始對生命抱持敬意，我們還是不能免於目前這個進化階段，然而我們遭遇的經驗性質卻會開始變得不一樣。我們不會再傷害別人，破壞別人。我們還是要繼續從無到有地獲得真實力量，但是這種經驗的性質會開始改變。我們不會再遇到那種沒有敬意的知覺造成的經驗。

我們總是認為生命很廉價，這種知覺存在於普遍的意識裡。譬如我們看動物世界，總認為那個世界的種種活動正好證明了我們對生命的評價。我們看動物彼此廝殺、吞噬，得到結論說，弱者的存在只為餵飽強者。

我們為自己的壓榨生命找到理由，說那是大自然的設計。我們傷害生命，殺害生命。我們一邊在穀倉裡存糧，一邊將牛奶倒進水溝，製造了百萬人的飢荒。我們把別人當戰利品，滿足自己生理與心理的需要。我們說「這是狗咬狗的世界」，要在這個世界生存，必須先下手為強。我們認為生命就是一場競賽，有贏也有輸，別人的需求一旦危害到我們，我們絕不姑息吞忍。

我們的行為和價值觀大都是缺乏敬意的知覺塑造出來的，所以我們根本不知道什麼叫敬意。詛咒對手、破壞他人的力量，都是對他人缺乏敬意。努力奪取，卻不給予，這種努力絲毫沒有敬意。追求自身安全，卻以他人安全為代價，於是我們剝奪了自己的敬意。我們判斷某個人優、某個人劣，於是遠離了敬意。我們判斷自己也是一樣。商業、政治、教育、性、養家、人際關係，沒有了敬意，結果都一樣，都是人利用來利用去。

我們這個物種實在太傲慢了，為所欲為，好像地球是我們的。為了滿足自己所需，我們污染土地、海洋、大氣，不管別的生命的需求、地球的需求。我們認為人有意識，宇宙沒有意識。我們的思想行為總認為我們存在於宇宙的這個生命這輩子就會結束，所以不需對他人負責，也不需對宇宙負責。

一個人如果心懷敬意，就不會去壓榨自己的朋友、同事、國家、城市、地球。一個物種如果懷有敬意，就不會製造種族階級、童工、神經毒氣、核子武器。所以，一個人或一個物種如果懷有敬意，就不可能累積這種種行為製造的業力。

為什麼是這樣？什麼是敬意？

敬意是以一種超越形式及進入實質的方式和深度接觸生命。敬意是接觸所有人、事、鳥、獸、草等事物的實質。敬意是接觸一切事物「存有」的內在。即使你感覺不到內在，光是知道形式和表象也就夠了，因為表象之下才是一個人之所以是他，一件事之所以是這件事的真正本質和力量所在。這是我們用敬意讚頌的東西。

敬意讚頌的是一個過程。生命的顯示、成熟的過程，成長而獲得自己力量的過程，都需要懷抱敬意去對待。

生命的循環必須懷抱敬意對待。生命的循環按部就班已經進行了幾十億年。生命的循環反映了蓋婭——地球意識——的動力場，引導生命循環時的呼吸。如果我們對這種生命的循環懷有敬意，怎麼會看到地球生態這麼奇妙，還去做一些事情來破壞這個系統的平衡呢？

敬意是讚頌生命的態度。對生命溫柔、熱愛生命並不需要先獲得真實力量。有很多人未被賦予真實力量，但總是心懷敬意。他們不傷害別人。他們之所以最慈悲、最有愛心，往往是因為他們經歷過深重的苦難。

一個人是否心懷敬意，基本上要看他是否接受「生命神聖」這個原理而定。至於他怎麼界定「神聖」倒沒有關係。

另外，敬意其實只是接受「所有的生命都有價值」的態度而已。

敬意並非尊敬。尊敬是一種判斷。我們尊崇一種品性，或者受到教導要尊崇一種品性，尊敬就是知覺到這種品性而生的反應。但一種品性可能在這個文化受人尊崇，換成在另一個文化或次文化，或者同一文化的另一世代，卻沒有人尊崇。所以，受某些人尊敬，不見得受其他人尊敬。你可能尊敬一個人，卻不尊敬另外一個人。但是，如果你不對人人心懷敬意，你就不可能對某一個人懷有敬意。

敬意是一種知覺，而且是一種神聖的知覺。我們並沒有常常運用到這種知覺。這種知覺我們會用在宗教上，可是不曾用在進化過程或人類生命的學習過程上面。所以我們對待自己學習的需要和經驗時，並沒有針對其精神發展的背景，尊重這些需要與經驗的目的。然而，唯有這樣知覺，才會生出真正的敬意，因為這樣的知覺使你得以正視自己即將經歷的事，使你在精神的進化與成熟的架構裡看待這些事；這才是真正的敬意。因為，這種敬意使你看到與你的進化同時所發生的一切進化、生命王國裡的一切進化，並且完全地欣賞——至少是用不一樣的眼光看——一切進化顯示的方式。

只因為我們看待——如動物界——的眼光缺乏敬意，所以才會覺得動物互相吞食是一種殘酷的系統。我們不覺得那是物種在學習互相給予，不覺得那是動物王國之間在自然地給予、取用、分享能量。其實，王國間能量的自然分配，就是生態學。諸王國間，只有我們的王國、人類的王國會儲存能量，利用生活必需品以外的東西，收藏自己不需要的東西，能量的循環就這樣遭受到嚴重的破壞。如果我們每個人都能夠只取一日所需，那就最好不過了。動物除了過冬，並不像我們人類一樣會儲存東西。

敬意讓我們從博大而慈悲的觀點看到物種的互相依賴。敬意使我們看到每個生命——與他的經驗——對宇宙慈悲的顯示具有什麼意義。這種觀點時時刻刻都在顯示一切生命的價值，所以，隨著我們的成長，我們也比較不會製造暴力和破壞行為。用敬意來看待和尊重生命，使我們雖然未被賦予真實力量，卻能夠不殘暴。

你努力抱持敬意的時候，你那些傷害別人、傷害其他生命的傾向也就跟著消失。你一旦心懷敬意，就會發展出先思考生命價值，再將能量付予行動的能力。心裡充塞完全的敬意，即使未獲得真實力量，還是不會去傷害生命。沒有敬意，未獲得真實力量的經驗就可能變成殘酷的經驗；因為，未獲得真實力量的人就是懼怕的人。懼怕的人一旦毫無敬意，就會殺害生命、傷害生命，不分青紅皂白。

敬意是保護生命過程、榮耀生命過程的水平儀。如此一來，一個人在獲取真實力量的旅程中，就不會傷害任何事物。就因為缺乏敬意，我們走向真實力量的旅程往往包含了傷害他人的經驗，所以才產生了迫害者和受害者。然而，如果我們能用敬意對待生命，那麼，學習生命的課題時將會停止破壞生命，或者，至少也會有所不同。

我們從無到有地獲得真實力量時，就是因為對生命缺乏敬意，不相信所有的生命都是神聖的，才會去迫害生命、折磨生命、殘害生命、傷害生命，使生命挨餓受飢。如果進化的過程包含了敬意，那麼，我們每個人，甚至於我們這個物種，通過從無到有地獲得真實力量的過程時，進化過程所包含的學習行為，就不會再產生現在這種暴力和恐懼。

如果我們這個物種能夠積極遵守「敬意」原理，如果我們這個物種能夠擁有這種知覺，如果我們每個人都能有這種知覺，那麼我們將大大地減少、或者不再對人的生命、植物的生命、動物的生命、地球的生命造成毀滅。雖然我們的進化過程需要學習，但並沒有授權我們學習時可以毀滅生命，或者因為我們是在學習，就可以毀滅生命。我們要拒絕具有毀滅性的業力能量，只需要學習的能量。雖然學習是包含在破壞當中，但是參與暴力和破壞的業力後果，代價實在是太高。

換句話說，學習自己必須學的事物，不必以他人生命為代價。進步和進步的經驗，不必以破壞自然為代價。但是，一旦對生命沒有了敬意，誰又在乎傷害他人生命、破壞自然？沒有敬意，生命成了廉價的商品。我們的地球現在就是這樣，整個進化的過程和神聖完全不受尊重、接受、讚頌。

如果我們能夠懷著敬意去知覺生命，並且了解進化的過程，我們便會敬畏自然生命的經驗，懷著深深的感激行走在地球上。就現狀而言，地球上足足有幾十億人在慨嘆自己生而為人，他們遭遇巨大的痛苦、絕望、灰心、懊喪、飢餓、疾病。這就是我們這個星球發生的事。這種事情，主要就是因為我們待人處事大都缺乏敬意所致。

敬意是屬於靈魂的知覺。只有人格才能夠知覺生命，卻沒有敬意。敬意是「獲取真實力量」自然的一面；因為靈魂本身對所有的生命本就懷著敬意。所以，人格一旦和靈魂銜接，除非懷著敬意，否則將無法知覺生命。懷著敬意對待生命，能夠保護靈魂免於業力的負擔。業力的負擔是不讚頌生命的人格所製造出來的。另外，懷著敬意對待生命，還能夠將人格向前推，以便和靈魂銜接；因為，以敬意對待生命，會將靈魂的一面直接帶到形體環境裡。

懷著敬意對待生命，具體來說是什麼意思？

懷著敬意對待生命，具體來說就是：我們要向五官人世界缺乏敬意的知覺與價值觀挑戰。這點並不容易，對男性來說尤其不容易，因為我們總是教導男性外在力量的價值觀。然而真正強大的男性，他們在關心生命和地球上的眾多生物時，不會覺得尷尬或不夠男子氣概；這是因為敬意的能量關係。所以，決心以敬意對待生命往往需要勇氣。不但男性需要勇氣，接受男性價值觀的女性也需要勇氣。

決心成為心懷敬意的人，基本上就是要成為靈性的人。當前的科學、政治、商業、學術，完全不容許靈性的存在。對於缺乏敬意的五官人格而言，如果一個商人抱持敬意，無異於與人競爭而處於劣勢，因為他活動的範圍似乎漫無限制。在一個只承認外在力量才是力量的世界，一個抱持敬意的政治家，將沒有資格領導人民。然而，對多官人而言，商人心懷敬意，即是為企業原型注入新的能量，使企業的動力從服務他人而產生利潤，轉變為因有利潤所以服務他人。至於心懷敬意的政治家，就是向「外在力量」觀念挑戰的人，他衷心地將關懷帶進政治競技場。準此，決心以敬意對待生命，即表示要在一個不承認靈性的世界做個靈性人，以靈性人的身分思考、行事；另外還要自覺的向多官人的知覺前進。

懷著敬意生活，表示願意說：「這是生命，我們不可以傷害他。」「他們是我們的同胞，我們不可以毀滅他們。」懷著敬意生活，表示重新檢討我們對待役獸的方式；這些動物耐心服侍我們已經太久了。心懷敬意生活，表示承認地球的權利。「地球也有權利」，是我們這個物種至今尚未提出的觀念。

心懷敬意的態度是多官人演化的環境、演化的大氣。那是「存在」的豐富、圓滿、密切。這種態度創造了慈悲，創造了仁慈的行為。沒有了敬意，沒有了「萬事萬物皆神聖」的知覺，這個世界將一變而為冷酷嚴苛、呆板而又恣意的所在，於是又製造出異化與暴力行為。活著而缺乏敬意並不自然，因為，缺乏敬意等同隔絕了我們與靈魂的基本能量。

抱持敬意，很自然地就會帶來耐心。不耐煩就是想先滿足自己的需求。然而，你的需求一旦獲得滿足，你還會對他人的需求沒耐性嗎？一個人如果心懷敬意，他會尊重生命的一切形式、一切活動，他不會用必然產生不耐的觀點思考事情。

敬意容許非判斷的正義存在。靈魂什麼都不判斷。所以，一個人格如果決心以敬意對待生命，就會將靈魂的另外一種特質帶到形體界。一個人如果抱持敬意，就不會認為自己比他人或別的生命優越，因為他會在種種生命當中看到神性，榮耀這個神性。

抱持敬意的態度，使我們從五官人的邏輯與了解，轉換為多官人的邏輯與了解；因為，多官人的邏輯與了解，是一種高等秩序，源自於我們的心。

缺乏敬意，我們的經驗將是殘暴的、破壞的。抱持敬意，我們的經驗將一變而為慈悲和關懷。我們早晚終將榮耀一切生命。這件事什麼時候發生，我們學習的時候要得到什麼經驗——這些都由我們自己決定。

★欲應用本章節所學與深化自身的經驗，請參看〈學習指南〉第三章。

04 心

五官人的邏輯一直在幫助我們探索形體界。但是，這種邏輯卻無法了解超越時間的進化，也無法了解現在對過去的影響。這種邏輯無法有意義呈現靈魂的存在，也無法呈現產生和連結前生後世平衡能量的動力。一旦超出五官人格，這種邏輯便反映不出任何經驗的參考點。所以，現在應該是我們追尋高等邏輯與了解的時候了。

五官人格的邏輯與了解源自於腦。這種邏輯與了解是理智的產物。然而，高等邏輯與了解卻源自於心。唯有這種邏輯與了解，才能有意義地反映靈魂的存在。因此，要創造這種高等邏輯與了解的秩序，必須密切注意感情才行。

心在多官人的邏輯與了解當中居於中心位置。對感情非常敏感，正是多官人的特質。但是，因為這些東西無法累積外在力量，所以對五官人而言全是多餘的。由於一直自覺地追求外在力量、行使外在力量，因此我們一直認為感情是不必要的附屬品，它和扁桃腺一樣，不但一無是處，還會製造痛苦，使身體機能失調。就因為這樣，所以追求外在力量造成了感情的壓抑。這點不論於個人或我們這個物種都一樣。

我們將感情認定為無關緊要，這種想法瀰漫於我們的思考和價值觀當中。老闆運用外在力量開除員工，我們都很佩服這種「強硬」的老闆。軍人為了外在力量的緣故而赴湯蹈火，效命疆場，我們頒給他動章。政治家絕不為慈悲心而動搖，我們都對他尊崇不已。

然而，一旦我們對感情關起大門，也表示對推動思想、行為的生命之流關起了大門。所以我們無法展開一個了解的過程，來釐清我們的感情對我們自身、環境、他人的影響，以及他人的感情對他們自己、環境、我們的影響。由於無法覺察自己的感情，所以我們也無法將自己和別人的憤怒、哀傷、悲痛，這些因果連在一起。我們無法分別自己哪個部分是人格，哪個部分是靈魂。因為無法覺察自己的感情，所以也無法體驗慈悲，既然無法體驗自己的痛苦與快樂，又如何分擔別人的痛苦與快樂？

不親近自己的感情，我們就無法知覺感情背後的動力，知覺這些動力運作的方式，知覺這些動力想要完成的目標。感情是身上流過的能量，覺察這種能量，是學習經驗怎樣成形，又為什麼成形的第一步。

感情反映意圖，所以，覺察感情就能覺察意圖。如果隨著自覺的意圖產生的是矛盾的感情，這種矛盾便直接指向自我破碎、需要治療的一面。譬如，你結婚的意圖在你心裡引發的不是快樂，而是痛苦，那麼你就應該尋思這種痛苦，從這裡了解自己潛意識的意圖。如果工作的進展沒有使你感到滿足，而使你悲傷，你就應該尋思這種悲傷，從這裡了解自己潛意識的意圖。

不覺察自己的感情，就無法懷有敬意。敬意不是感情。敬意是一種存在的方式；但是敬意之路卻通過你的心。只有覺察自己的感情，才能夠打開你的心。

多官人的邏輯與理解力，可以在五官人看不到關聯的地方顯示關聯，在五官人看不到意義的地方顯示意義。五官人的人格無法完全處理非感官接收到的資料，五官人的現實知覺是片斷的，他們的宇宙經驗是部分的。

五官人格知道內在動力會影響知覺，也能把這種情形用一些世俗語言表述出來。譬如「常微笑，世界就跟著你微笑」。五官人格能夠發現自然界的規律，將這些規律轉變為定律。譬如「若不受外力作用，一等速運動之物體恆保持其原先等速的運動狀態」。然而，五官人格卻無法體驗內在動力和現實界等領域之間的關係，因此也無法從一個領域學到另一個領域的事。他無法從某個領域體驗這些領域共有的豐富。

譬如，科學反映的是人的神性衝動。人一直在這種神性衝動下，努力了解一些表面互不相關的經驗關聯，這確實是五官人格的最高成就。然而，一旦運用五官人的邏輯與了解來掌握科學成果，內在動力（感情、意圖）就變成與世界事物無關了。於是，從超新星到次原子半衰期，以至於兩者間大大小小的一切事物，都是不受人類所思所感影響的對象。

不過，如果用多官人的邏輯與了解來理解科學成果，內在動力和自然規律之間的關係就會立刻顯現。譬如，對多官人而言，「若不受外力作用，一等速運動之物體恆保持其原先等速運動狀態」這個定律，反映的不只是在時、空、物質領域作功的動力，還反映了在非形體界作功的動力。這種動力比在形體界作功的動力深刻多了。

此話怎講？

我在念步兵預備學校時有個朋友韓克，他是肯塔基人，個子高，和藹可親又英俊。我們一開始就互相欣賞對方。往往當我要搬太重的東西，他總會幫忙我，他功課如果有困難——譬如計算彈道——我也常幫助他。我們經常一起出去玩，友誼日增。

畢業以後我們分派到不同的單位，我和他失去了聯繫。後來我在越南西貢遇到他，他受傷了，而且因為他和一個將軍很熟，所以被調派到一個我常去的單位。他在西貢結識了一個有名的女播音員，後來結婚了。他們兩人看起來非常相配，男的是高大英俊的上尉，女的是美麗而迷人的公眾人物。

此後直到退伍，我們都沒有再聯絡。有一天他打電話給我，說他太太要到我們附近某個景點演出，要我到那裡和他碰面。我們碰面時，如今已卸下軍職的他看起來很煩惱，以往輕鬆的態度不見了。他告訴我，他改名叫哈爾，並道歉說他太太沒有辦法和我們一起聊聊。聊了一會之後，我問他現在在做什麼，他說：「在陽光下尋找我的位置。」

不久再聽到韓克（或哈爾）的消息時，他已經自殺了。後來我見到了他的遺孀。她告訴我他們痛苦的婚姻、韓克的意志消沉、他的自殺。越戰結束以後，退伍軍人自殺人數比越戰期間戰死的人數多出三倍，可見韓克也是受到越戰經驗的影響，在他身上作功的動力是平常所見的那種動力。

韓克不是那種會質問生命意義的人。他從未探索存在地球上的意義，因為這麼一來，他就必須改變自己的生活；這是他不願意的。他一輩子活著沒什麼思想，於是有一天午夜夢迴覺得生命空虛，內心虛弱。

他的一生和第一運動定律「若不受外力作用，一等速運動之物體恆保持其原先等速運動狀態」有什麼關係？用「等速運動」講人生，指的是什麼？改變原先運動狀態的「外力」又是什麼意思？

韓克一生的外在事件並沒有等速運動。他出生在肯塔基的農家，長大後成為軍官，後來遠離家鄉幾千哩遠娶了一個名人當太太，又以自殺了卻一生。他一生的外在事件並沒有等速運動，但是他一生潛意識的流動卻是等速運動。從童年到當兵，以至於結婚，這些事都沒有讓他深思人生問題。他的痛苦和快樂，都不曾使他開始覺察自己是什麼人，以後會變成什麼人。

他沒有對自己的人生經驗追尋到底，反而很害怕這種追尋。所以，他的一生從開始轉現到消失，一直都是不知不覺，他經歷的種種，都是平衡他靈魂的能量所必須的，但他卻依照自己的靈魂業力和出生環境所受的制約來反應這些情況，以致於不知不覺製造了更多業力。

韓克對他人展現的仁慈幫助了很多人，包括我在內。但是他卻沒有讓這種仁慈成為自己生命的重心，他沒有努力朝自己的靈魂前進。他的一生都用在滿足自己的需要。他太執著於這些需要，根本不想改變。就是這樣，韓克的一生一直是「等速運動的物體」，從來不曾遇到「外力」。

他不曾遇到的「外力」是什麼東西？

葛瑞哥利是西北部白人，中年，大學畢業。他小時候有感情障礙，所以長大之後脾氣暴躁，喜歡控制他人，不快樂。他沒辦法和人建立關係，脾氣壞，愛爭吵，更使人對他敬而遠之。這些經驗反過來又使葛瑞哥利更加看輕生命，看輕別人。但是，他卻不曾問問自己，他在這一切經驗裡面扮演了什麼角色。

最後，他的壞脾氣和令人不快的性情終於逼得同居女友離開他。他很痛苦，苦的不只是失去女友，還包括他自己認識到這件事——他又重蹈覆轍，又陷入長久以來的模式。這一點每次都使他深以為苦。但是這次他決心面對自己的痛苦和模式。他開始獨居，從內心尋找自己痛苦的原因。

幾個星期以後，他的知覺和價值觀完全改變了。他的脾氣變得柔和，一些怪癖也慢慢不見。接下來的幾年他發展出較有意義的待人處世態度，以愉悅取代尖酸刻薄，憤怒從他身上消失，別人進入了他生活的中心。他現在變成一個很具建設性的人，從自己對他人的貢獻裡獲得自己的力量。

這些改變對他而言並不容易。他從脾氣暴躁、愛控制別人、憤世嫉俗，變為關懷而體貼。這段旅程非常痛苦，需要相當大的勇氣，然而他卻毅然走上這段旅程，改變了自己的生命。從他的意識來看，他生命的等速運動因他決心面對痛苦而大幅改變，更因培養新知覺的決心而改變。決心自覺地進入自己的生命，便是改變他一生「等速運動」的「外力」。沒有這種決心，他的一生將和韓克一樣，永遠不知不覺。這種不知不覺是他的業力造成的，也是他對業力製造的情況的反應造成的。

然而，用這種方式詮釋——描述物體理想運動的——第一運動定律是否恰當？不過，第一運動定律不正是一個方便的比喻，正好用來說明非形體的動力？然而，不止於此。第一運動定律其實只是在非形體領域運作的一股非形體動力在形體界（形體與形體現象）的反映而已。這股非形體的動力是靈魂的物理學。如果用多官人的高等邏輯來理解科學和科學的種種發現，那麼，科學及其種種發現便會展現出生命本身隨時隨地都在顯現的豐富性。

多官人格的知覺不是片斷的。譬如說，多官人就知道構成科學史的歷史典範，正好顯示了我們這個物種歷代怎樣看待自身與宇宙的關係。托勒密天文學反映的是人類認為自己就是宇宙的中心；哥白尼天文學反映的是人類承認自己是宇宙運動的一部分。在這種觀點之下，人與宇宙的關係比較複雜，互相依賴。牛頓的物理學反映的是人類很自信，認為自己有能力藉由理智掌握自然界的動態。相對論反映的是人類已經了解「絕對」與「人類對『絕對』的知覺」兩者間的關係是很狹隘的。**量子物理學反映的是人類開始覺察自身的意識與自然界的關係**。

換句話說，從多官人的觀點，科學的發現同時揭露了內外在經驗，同時揭露了形體與非形體的動態。譬如，光學的根本發現在於：黑、白和藍、綠、紅不一樣，黑和白不是顏色。白是可見光光譜所有顏色的總合，而黑就是這個光譜（也就是白）不見了。換句話說，白是一切可見放射線的總合，黑就是放射線不見了。

那麼，這樣的發現顯示了什麼非形體的動態呢？

我們把純潔、善良、正常歸為白色。白色象徵積極的、保護事物的能量；凡是英雄，我們都讓他穿白衣，白代表完整的精神。我們用白色聯想上帝、上帝的信使、天堂。我們畫的天使都穿白袍。至於黑，我們把黑歸為邪惡。凡是壞人，我們都讓他穿黑衣。黑象徵毀滅，每次發生大災難，我們就說那是黑暗的一天。黑代表絕望、生氣、憤怒。絕望、生氣、憤怒就是沒有愛、慈悲、寬恕。一個人心裡懷著絕望、憤怒，我們就說他的心境是黑暗的心境。

我們所說的「黑暗時代」就是沒有「理性的光」的時代。破碎的心、沒有放射線的心承受的痛苦，我們稱之為「靈魂的暗夜」。我們稱魔鬼是黑暗王子；地獄就是「上帝之光」照不到的地方。

白是完整、完成，黑則是白色不見了。但是，這樣的知覺在準確和適用上是否只限於自然現象上的白光與黑暗？不。語言、神學、宗教、科學，每一個領域都認識白反映了完整，或者整體，或者完成；而黑則是這種東西不見了。多官人格可以直接看到所有語言、宗教等理解事物的方式，都反映了同樣的一件事。

在多官人格看來，「神性」，或說「上帝」，或者「聖智」——隨便你怎麼稱呼——都是「光」。多官人格看到——基督、佛陀、克里希那（即黑天，印度主神之一）等人——神性自覺的流露，都是光的存在，整體的存在，完整的存在，完成的存在。因此，從科學上的白色，他看到時間、空間、物質反映了永恆「神性」的整體、完整、完美。而當他看到邪惡、憤怒、絕望、毀滅，就是光不見了。所以，從科學的黑，他看到殘破的自然現象反映出來的是光不見了。

多官人格在種種現象裡看到的是相同的關係，反映了相同的世界。五官人格看不到這些，所以他的邏輯與理解沒有這麼廣泛深遠。形體現象，以及形體現象的關係，都是大生命模式的部分與反映。五官人格看不到這點，因此無法從研究形體現象認識完整、殘缺，還有兩者的結果。

不完整的人活在破碎的狀態裡；個別的顏色，或者幾個顏色的組合，可以代表這種狀態。至於不破碎的人格則活在完整狀態中，白色的光可以代表這種完整狀態。和靈魂失去聯繫，和「光」的源頭失去聯繫，人就開始「能夠」邪惡。黑可以代表這種狀態。

我們所說的邪惡，就是沒有光、沒有愛——不論什麼情形都是這樣。詩意的表達時，我們會將光和純潔、悟、聖神的感應等連在一起。但正如我們知道的，這種「光」不只是詩意，這種光是真實存在的光。

有時候靈魂可能會覺得，在轉現的過程中選擇「光」這一條路很難。靈魂可能會發現，學習在「光」裡生活是艱難的寄旅。一旦降生在地球，從他的選擇——選擇憤怒，不選擇寬恕；選擇譴責，不選擇了解——就開始累積惡業。靈魂一旦離開身體，屬於他選擇的那種光就一直包圍著他。但這時的靈魂因為需要創造新的人格，所以很可能還是從這口「井」汲取一種人格，因此靈魂可能反而創造了一個更為狹隘的人格。

意識狹隘的人格會覺得，我們所謂的邪惡比廣大的覺察來得有吸引力。對於這樣的人格而言，走上邪惡這條路的誘惑就很大。實則一切靈魂都受到誘惑，但是，意識狹隘的個體卻比較會覺得走進恐懼的磁場很有吸引力，因為這樣的靈魂把恐懼當作另外一回事接受，當作生命正常的事物來接受。

因此，我們如何了解邪惡就非常重要了。我們必須認清邪惡之所以為邪惡，即是光不見了的動態。邪惡不是要我們去反抗的東西，不是要我們逃避或放逐的東西。我們要了解到，邪惡就是光不見了——我們必須追尋所謂的「光」。

意識的光即是神性，即是聖智。聖智沒有了，黑暗就開始縱橫捭闔。只因為有了黑暗，所以我們才在黑暗中顛躓。黑暗中的生存無法永久延續下去，每個靈魂最後都會「悟」(enlightened，光明起來)。沒有光的靈魂最後總會開始認識「光」，因為隨時都有很多事物在幫助他。靈魂的四周有很多「光」，只是一時無法直接照射到他而已。有些靈魂執意要活在黑暗中，這樣的靈魂也有很多事物在協助他。他隨時能夠得到進入光明的鼓勵，即使他只是興起這樣一個念頭，一樣會得到鼓勵。於是，最後所有的靈魂都會進入「光」。

了解邪惡就是沒有光，並不表示對邪惡有反應是不當的。

什麼是對邪惡適當的反應？

治療「沒有」的處方就是「有」。邪惡是「沒有」，所以沒辦法用「沒有」來治療。憎恨邪惡，或者也開始做邪惡的行為，只會使「光」更加沒有，而不會使「光」存在。嫉惡如仇無法減少邪惡，只有助長邪惡。

沒有光就會使人受苦，你心懷怨恨，就會將這個苦帶到自己身上。嫉惡如仇影響的是嫉惡如仇的這個人。嫉惡如仇使他心懷怨恨，使他也變成沒有光的人。

邪惡就是沒有光——了解這點並不會使你變成被動，對邪惡視而不見。譬如，如果你看到有人在虐待兒童，壓迫他人，那麼盡己所能保護這個孩子或這個人是應該的。但是，如果你對這個虐待孩子、壓迫他人、心裡沒有慈悲的人沒有心懷慈悲，你不就和他一樣嗎？慈悲是出於心腸，也化為心腸；出於愛的能量，也化為愛的能量。反擊黑暗而不懷慈悲心，你自己立刻墜入黑暗。

邪惡就是沒有光——這裡挑戰的是「外在力量」這種知覺。我們能夠打敗「沒有」的東西嗎？我們可以逮捕邪惡的人，但有辦法逮捕「邪惡」嗎？邪惡的一群人可以使之身繫囹圄，但是可以使邪惡身繫囹圄嗎？要反對邪惡，慈悲心比軍隊有效。軍隊可以彼此交戰，但無法和邪惡交戰。慈悲心直接和邪惡交戰——把「光」帶到沒有「光」的地方。

邪惡就是沒有光——關於這點，你必須隨時檢查自己的選擇，看看自己的選擇是使自己接近「光」還是遠離「光」。這種了解使你懷著慈悲心看那些從事邪惡行為的人，即使你是在向他們的邪惡行為挑戰也是一樣。這種了解使你知道，消除邪惡就是從你自身開始。這就是對邪惡適當的反應。

五官人從感官所告知他的資訊來學習事物，從理智向感官汲取的東西來學習事物。但多官人特有的高等邏輯與了解，使他學習事物比五官人快。我們已經跟著理智演化到盡頭。

我們已經探索過五官實相的廣度與深度。我們已經發現外在力量的局限。我們的進化，下個階段將帶著我們進入多官人的經驗，進入真實力量的本質。

這種進入，需要的是我們的心。

★欲應用本章節所學與加深自身經驗，請參看〈學習指南〉第四章。

第二部

創造

CREATION

05 直覺

多官人主要的知覺是自己並不孤獨。他不必完全依賴對事情的知覺和解釋來作為行事的準則，因為他和高等智力有一種意識上的交流。這並不是說，他不必時時刻刻決定自己生命的方向，而是說，他擁有意識上的途徑，能獲得慈悲而理智的協助，幫他分析他可能有的選擇、可能的後果，也幫他探索自己的各部分。

五官人也不孤獨。但是五官人對於自己不斷得到的協助渾然不知，所以無法自覺地取得這種協助。主要來說，五官人都必須透過親身的經驗來學習。這種學習方式需要很長的時間，因為它必須從實際問題取得學習的課題。

譬如說，一個人如果必須學習信任，首先他必須先體驗自己對別人的猜疑。猜疑會製造誤會，誤會又造成緊張、不快。五官人必須這樣一直體驗不快，直到有一天——甚至於下一輩子——才從自己與他人的互動中明白這種不快的根源，從而採取步驟改變這種狀況。

一個人如果無法信任別人，對別人的話或別人的行為就會做出錯誤的解釋。譬如，一位女士告訴她先生，雖然她很想和他在一起，但是她必須參加公司會議。這時，如果她先生無法信任別人，就會認為她是在疏遠他，或者在她心目中，她的工作比他重要。這種誤解是由於他無法接受她的理由、無法信任她而造成的。接下來，這位女士如果一直體驗到先生的誤解，就會在心裡產生驚愕、悲傷、挫折、憤怒、不耐的情緒，最後真的產生當初被先生所誤解的疏遠。這位先生就這樣透過自己猜疑的動力，製造了自己最大的恐懼。

因為猜疑而失去伴侶、朋友或同事，並不是猜疑帶來的懲罰，而是不肯在「信任」問題上省視自己意識的結果。這種經驗是自己一直選擇猜疑所造成的。一個疑神疑鬼的人會製造一些不快或痛苦的情況，直到有一天不得不面對「信任」問題時為止。這可能需要五次痛苦的經驗，也可能需要五輩子痛苦的經驗，甚至是五十輩子。但是不論如何，這條路終會引導他面對「信任」這個大課題，通過這個大課題。

只要不是慈悲與協調的人格，這種動力都會產生作用。譬如說，一個人很容易憤怒，他的憤怒會製造一些不快、甚至於悲慘的狀況。直到有一天他只好面對自己的易怒，改變自己的易怒，從而除去那些對慈悲與愛造成的阻礙，除去從靈魂獲得能量的阻礙。貪婪、自私、霸道等都一樣，我們就是這樣一直進化至今。

多官人的學習比五官人快。多官人格由於現成就有高等智力的協助，所以很快就能了解自身經驗，了解這些經驗的形成、代表的事物，還有自己在這些經驗的形成上扮演的角色。多官人不必體驗十二次、二十次、甚至兩百次痛苦的經驗，才能學會信任、責任、謙卑等重大課題。這並不是說多官人格永遠不必體驗痛苦的狀況，而是說他們學習起來比五官人快，因此決定事情也比五官人明智，比五官人慈悲。

要汲取身邊的引導和協助之泉，並不需要靠語言溝通教導的能力。這種能力在高等的多官人身上早已具備，但是通往這種能力的路途卻是一條愉快的發展與學習之路——發展一種覺察力，知道自己隨時都能獲得智慧與慈悲的引導，然後學習將這種能力自覺地納入生活當中。

為什麼是這樣呢？

五官人格認為自己的每種衝動、每次領悟，都是自己的衝動、自己的領悟，都源自於自己的心靈。多官人卻知道不見得是這樣。從有人類這個物種開始，衝動、直覺、頓悟，還有一些微妙的知覺，就一直在進化的路上幫助我們。我們對這些這樣來到我們身上的引導之所以缺乏認識，是用五官看現實造成的結果。從五官的觀點，悟和直覺除了從五官，無處可入。

但是從多官的觀點，悟、直覺、靈感，都是靈魂帶給我們的訊息，或者高等智力在進化路上幫助靈魂時傳給他的訊息。所以多官人格推崇直覺，五官人格卻不然。對五官人而言，直覺是奇技淫巧；而對多官人而言，直覺卻是比他深的理解力與慈悲表現出來的提示，它和這種理解力與慈悲是連在一起的。

對五官人而言，直覺或直覺的悟來得意外，不可依賴。對多官人而言，直覺的悟卻是充滿愛的引導在他意識裡的註記，這個充滿愛的引導一直在幫助他成長，支持他成長。所以多官人才一直加強自己對這種引導的覺察力。

這一點，第一步就是開始努力覺察自己的感覺。追蹤自己的感覺，最後就會走到感覺的源頭。只有透過感覺，你才會來到自己靈魂的力場。這是人在世上的通路。

譬如，我們前面所說的那個無法信任他人的丈夫。他太太告訴他必須參加公司會議時，他也許覺得生氣，也許覺得羞辱，也許覺得忿恨，也許開始對他太太冷淡。但如果他能夠體察這些情緒而有自覺、化解這些情緒，了解這些情緒都是流過「他」這個系統的能量，那麼他就能夠問自己：「為什麼她要開會這件事對我會有這樣的影響？」能夠這樣問自己，他會發現原來他的情緒反映的是自己受到疏遠的感覺，或者自己在太太心目中不如她的會議的感覺。

這時他再回過頭來看他太太發出的訊息，會發現其實她已經告訴他，她很想跟他在一起，只是沒有辦法。了解這一點，他就會問：「那我為什麼還不高興？」這一問，他就會回答自己說：「因為我不相信她真的想和我在一起。」就這樣，由於能夠覺察自己的情緒，而不是不自覺地將情緒顯現為行為，他終於能夠面對自己的「信任」問題。

既然已經了解了這麼多，所以他能夠自問：「我和她相處的經驗是不是符合我對她的懷疑？」如果答案是：「不，我的經驗是她很誠實。」那麼他也許就會開始明白，原來在他心裡作用的那股動力和他太太無關，她只是啟動了這股動力而已。這樣的了解能夠使他看清她真正的意圖，他對太太的種種情緒也將隨之緩和。這樣，他太太就會對自己有愛意的先生產生親近的感情，不會因為先生心懷怨恨，拒絕她的親密感而受傷。

只要他能夠循著這個方向追蹤自己的情緒，就不會毀掉自己的快樂、毀掉自己的婚姻，他也可以從自己的感覺、從自己對這些感覺的問題中學會「信任」這個課題。如若不然，他終究還是要從一些不愉快的經驗中學習這個課題。他可以從一件事情裡學習猜疑的結果，也可以從一件事情裡學習信任的結果。

「為什麼開會這件事會這樣影響我？」「為什麼我這麼不高興？」「我的經驗是否符合我的懷疑？」——所謂的這些問題，每個都能夠替我們招來指引。只要你要求，總是有求必應。每次你問自己：「我動機何在？」每次你要求宇宙「幫助我看清楚」，你一定會得到幫助。你要求的時候，雖然不見得每次都能夠聽到回答，不見得總是照你希望的方式回答，但是一定會得到回答。這種回答有時是一種情緒——也許是好的情緒，也許是壞的情緒；有時則是一種好像隨意興起的回憶或念頭；有時是做夢；有時則是到了隔天因為某件事而恍然大悟。

每個問題都會被聽到，每個問題都會得到解答。「有求必應」是常規，但是你必須先學會如何求、如何應。

「智力」是用來擴展知覺，是幫助你在知覺的力度和精密度方面成長，而且還要不傷害別人。知識的經驗即是智力的經驗。知識就是力量，所以不論是哪個層次的知識，你怎麼使用它，都是你的責任。知識進入你這個存有，但是你卻沒有以某種方式或形式加以處理或利用，以利他人，這知識很可能就會對自己的身體產生嚴重的傷害。刻意濫用知識，故意傷害別人，製造衝突，其中製造的業力負擔比無心製造的沉重了很多。

在一個將力量視為外在的世界，我們運用智力時往往缺乏慈悲的心腸。這樣製造出來的狀況就是，我們把知識當作武器來傷害他人，行使意志力而毫不溫柔。譬如，如果用智力來設計、發展、生產武器，那麼這種方法就不符合初衷。一個工業或一家工廠的設計、建造、運轉，如果不考慮到對地球、人的生活、環境的影響，這種利用智力的方式就不符合初衷。如果你想以他人為代價來謀取自己的利益，你利用自己智力的方式也不符合初衷。

五官人將力量視為外在的東西。在這樣的世界裡，五官人認為直覺的感受不是知識，因此也就不加以處理。不加以處理，也不歸屬於智力，不加以擴展，不研究，不將它構成技術，不釐清其中的規律。然而，我們都曾經受過教育，使我們發展認知——徹底思考事情，應用認知。同理，我們也可以發展直覺，應用直覺去請求指引，接受指引。我們擁有一些技術，比如分析式思考、研究、重複學習、遵守方法等，都能使我們的思想變得規律。同理，我們也有一些技術可以啟動直覺，釐清直覺的規律。

首先要隨時注意感情的清理。感情堵塞的人不知道或無從知道自己的感受。完全壓抑感情，人會變得很痲木消極，而且為自己製造有病的身體。但是，如果能夠清理感情，消極的情緒就不會留滯在心裡，你整個人就愈來愈輕快。這樣，你的直覺之路就開啟了，因為你有了清明的愛。清明的愛使你能夠無條件地愛人，不傷害他人。清明的愛使你的頻率輕快，因此你受到的指引也很清楚，進入你的系統毫無阻礙。

要做到這點，你必須每天清理自己受到的感情衝擊。你的身體每天都要排除廢料和毒素。同理，你也要每天排除感情的廢料和毒素，方法是在感情上把沒有完成的事情完成，不要帶著忿恨的情緒上床，懂得重視自己的感情能量，和它合作共事。

第二步就是營養清理方案。身體裡積存毒素，會妨礙我們的直覺。

第三就是聽從你接收到的指引。清理感情和身體使我們具備直覺力；這又使我們開始學習反應能力。也就是說，你必須很願意傾聽直覺告訴你的話，然後依此採取行動。但是，這麼容易聽到的指引，很多人卻不想聽，所以他們常常否認自己聽到什麼東西。

第四是讓自己對自己的生命和宇宙保持開放的態度，用信心面對生活中的問題，你必須相信不管發生了什麼事，都是有理由的，並且，這個理由，它的核心意義總是好的、慈悲的。要激發直覺，培養直覺，必須抱持這種基本的信念。

何謂直覺？直覺是如何作用的？

直覺是為了協助你而產生的知覺，這種知覺超越了生理的感官，當這個感覺系統運作時，不取用五官給予的資料。你的直覺系統是你這一生化身的一部分，一旦離開這個化身，你也就離開這個為你而發展的直覺系統。這和你離開自己的人格一樣，都是因為你已不再需要它們。

直覺可以做很多事。直覺幫助我們生存。直覺會使你沒有明顯的理由卻執意追求某些事情，為的是幫助你生存。譬如感覺到危險，感覺到做這件事很冒險，感覺哪條街道走起來安全，哪條街道走起來不安全，感覺要打開汽車引擎蓋檢查一下……這些都能夠幫助你活在實體的世界。

直覺幫助我們創造。直覺告訴你要買什麼書來看才適合自己，告訴你到哪裡才能接觸到需要接觸的同事，告訴你某個領域的觀念可以和另一個領域的觀念互補。這種直覺是告訴你一幅畫該用灰色、另一幅該用紫色畫的直覺。這是一種是以前從來不曾嘗試過，其實也許行得通的感覺。

直覺使我們產生靈感。直覺是對問題突然有了答案，是隱藏在混亂迷霧當中的意義，是從黑暗中照射出來的光，是聖神的顯現。

直覺可以比喻為通信線。這條通信線可以供幾個源頭使用，其中一個就是靈魂。這麼說吧，直覺是人格與靈魂間的行動電話。兩者間的通信透過高層的我進行。

這個高層我是靈魂對人格說話時的連接線，是人格及其不朽的我之間的對話。人格與靈魂的交流是一種高層我的經驗。不過，人格卻沒有辦法和靈魂的全部交流。靈魂的能量不會完全化身為人，靈魂只把自己需要在形體環境中治療的部分，還有要借給這一世的治療過程的部分創造為人格。

靈魂的能量太強大了，如果真的進入形體形式，實在無法不衝破這個形式。所以靈魂在創造人格的時候，先是衡量自己各個部分，縮減各個部分，然後才開始接受人的經驗。你的高層我是靈魂存在你身上的一面，但不是你靈魂的全部，那是一個小靈魂的我。所以，「高層我」是「靈魂」的另外一個名稱。然而，靈魂卻不只是高層我而已。

就以杯子、水瓶、水桶來比喻好了。靈魂就是水桶。靈魂的一面是水瓶。水瓶也是靈魂，卻不是靈魂的全部。水瓶，這麼說吧——是靈魂負有任務的部分。人格就是杯子。這個杯子和水瓶有接觸，和高層我有接觸，但是卻和全體的水桶沒有接觸。

人格和靈魂間的交流是一種內部的直覺過程。這種過程是只對你的內部系統進行的有機過程。譬如說，決定事情是你自己的過程，這個過程可以是你依據高層我的指引，從你的腦、你的心、你的直覺汲取資料的過程。這些來源都是你自己能量系統的一部分。你的人格和高層我都屬於你的靈魂。

不過，靈魂也容許人格透過高層我、從高層過程取得靈魂的訊息。除了自己的高層我，同樣地，就像一座無線電台般，還可以接收到別的高層我的引導。這和直覺過程不一樣。這是從一些直覺頻道接受引導。

從直覺頻道接受訊息，和從直覺過程接受訊息，意義完全不一樣：從直覺過程接受訊息，就像在家裡煮飯吃，而從直覺頻道接受訊息，則是在外面吃飯。對於多官人的福祉和成長而言，從直覺過程和直覺頻道接受訊息之必要，就如同陽光和空氣。多官人透過自己的直覺，自覺地理解真理，體驗真理。

何謂真理？

真理是強化你卻不污染你的東西，所以真理有程度之別。不過總的來說，真理是不能傷害他人的概念。真理不會傷人。

和無形體的導師聯繫的高層我所產生的真理，不但對你來說是真實的，對於所有和他聯繫的人也都是真實的。你從直覺頻道接受到的引導，若將其中屬於你個人的一切扣除，剩下的即是真理的核心，因此也適用於他人；至少都適合無條件的愛的出現。相反地，你自己的直覺過程接受到的訊息，大部分只對你個人有效。這就是個人真理和非個人真理的差別所在。個人真理和非個人真理都是真理，但是個人真理屬於你個人，而非個人真理屬於所有的個人，屬於每一個人。要成長，我們需要維他命、情感、愛，同樣地，也需要真理。

有時候你接收到的真理，可能會受到你本身恐懼的污染，這就是你要運用智力的地方。換句話說，這時你或許以為自己產生了清楚的直覺，但是，若是理性地把它分開來審視，你會發現自己其實只是針對自己的不安全感在起反應而已。

譬如前面那個懷疑太太的先生，他的「我和太太相處的經驗是否支持我的懷疑？」這個問題，就讓他發現自己的情緒反應只是起因於不安全感的反應，而非自己和太太之間真正的能量互動。從直覺過程或直覺頻道得到的答案，會開始對你當時想做的事情提出挑戰。至於你的低層我、你的人格，則不會挑戰任何東西。他只會找理由。

提昇到一個層次而因此能分辨引導的來源，其實是很自然的。但是對於五官人格而言，要靠直覺接受真理，再接受這個真理的引導，簡直不可思議。依據五官人格經驗所建立的心理學，會去研究、了解、承認身體的知覺、效果、認知，但卻不這樣去研究、了解、承認直覺。而對於多官人格而言，不依靠來自高層我的真理才是很不尋常的；不依靠進化的靈魂透過高層我而來的真理，也很不尋常。

人格和他的靈魂從來就是分不開的。靈魂和他的諸世人格一直受到非個人慈悲與智慧的協助和引導，這點對五官人格和多官人格都一樣。只是五官人不知道自己有靈魂，也不曾覺察自己一直受到高層我，甚至於高度進化靈魂的指引。多官人則知道自己有靈魂，努力和自己的靈魂結合，努力成為自己高層我的化身，也一直在呼喚，而且接受自己靈魂和別的靈魂的協助。

★欲應用本章節所學與深化自身的經驗，請參看〈學習指南〉第五章。

06 光

靈魂雖無形體，卻是你整個宇宙的力場。高層我雖無形體，卻是高等進化人的支柱、完全覺醒的人格的支柱。直覺無法用五官解釋：因為直覺是無形體界的聲音。所以，如果不接受無形體界的存在，根本無法了解自己的靈魂、高層我，以及直覺。

認知的感官產生的「知」無法證明無形體界的存在，正如它無法證明上帝的存在。理性的心一直在一個向度內追尋無形體界的證據，但是這個證據卻不在這個向度之內。所以，當你從五官人格的觀點問「無形體界是否存在」的時候，你實際上等於是在問：「如果我無法證明無形體界的存在，我是否就認為它是胡說八道？我是否就認為這件事無解？或者我應該把自己擴展到一個能夠得到答案的層次？」

只要有人所問的問題提及另外一個層次的真理，不管這個問題為何，科學家或真理追求者的方式，永遠都是向外擴展。譬如，在我們的進化過程中，就曾經有人問：「是否有比眼睛所見更小的生命？」若從五官人格的觀點而言，這個問題的答案是「沒有」。可是有人不相信這個答案，於是發明了顯微鏡。

接下來又有人問：「大自然是否存在一些顯微鏡看不到的部分？」從五官人格的觀點，這個問題的答案還是「不」。但是我們並沒有停留在這裡，我們後來發現了原子和次原子，並且對原子和次原子有了深入的了解。

只要我們創造了觀看的工具，原本認為不存在的東西就變成存在了。但是首先我們要先擴展才可以。有些問題，以我們目前對真理的了解是無法回答的。因此，對於高等的或擴展的心靈而言，他的挑戰，或說任務，就在於把自己擴展到另一個層次，以便解答這些問題。

何謂無形體界？

無形體界是你的家。你來自無形體界，將來也要回到無形體界。目前的你，有一大部分住在無形體界，在無形體界發展，地球上幾十億人莫不如此。所以，你和他人的互動大體上也是發生在無形體界。譬如說，只要你對和自己情感密切的人（例如家人）懷有親愛之情，你的意識即隨之轉變，而且還能夠挹注他的能量系統。

比如說，假設有個女孩對她的父親心懷忿恨，但是她卻開始深入並了解自己和父親的這層關係，例如他在激發她責任感或愛這一方面所扮演的業力角色。此外，她治療自己的意圖，治療這層關係的意圖也很清楚而深刻，那麼，我們絕對不要（即使連一秒都不要）以為她父親不知道。就算她沒有告訴他，他還是知道。他可能不自覺，但是他的整個存有卻能夠感覺到她的所作所為。這時的他可能會突然想到以前沒有想到的事情，而覺得感傷；可能會看著女兒小時候的照片，覺得心裡有某種東西在拉扯他，但是他卻不知道自己為什麼會這樣，為什麼會感傷。

你一直和自己所有親近的靈魂在參與這種，這麼說吧——資料銀行的交換：某種程度上，也和所有接觸到你生命的靈魂交換。你只要改變自己資料銀行的內容，改變自己傳達給某一靈魂的訊息，他就會透過自己的系統加以處理。你的意圖產生的因果，你塑造自己能量的方式，就是在這個層面對他人產生影響。

為什麼會這樣？

你是一個光的系統：所有的存有都是。你的光的頻率，是依你的意識而定。改變自己意識的層次，就改變了自己光的頻率。譬如說，假設有人冒犯了你，但你不恨他，原諒了他，你就改變了自己光的頻率。如果你決定對某個人懷抱愛與同理的心情，而非疏遠或冷淡，那麼你也改變了自己光的頻率。

感情就是以各種頻率流動的能量。怨恨、嫉妒、輕視、恐懼等我們認為不好的感情，頻率比較低；情感、快樂、愛、慈悲等我們認為好的感情，頻率比較高。如果你決心用高頻能量（譬如寬恕）代替低頻能量（譬如怨恨），你就提高了自己光的頻率。

如果你決定讓高頻能量流過你的系統，你就會體驗到較多的能量。譬如說，一個人絕望焦慮時就容易感到疲勞，因為他沉沒在低頻能量裡。一個人只要置身這種狀況，就會變得沉重而遲鈍。至於快樂的人則充滿能量，意氣昂揚，因為在他這個系統上流動的是高頻能量。

意念不同，所製造的感情就不同。譬如，報復、暴力、貪婪的意念，或是利用別人的意念，製造出來的是憤怒、怨恨、嫉妒、恐懼這類感情。這類感情都是低頻能量，會降低你光的頻率，或者你意識的頻率。創造、愛、關懷的意念，激發的則是欣賞、原諒、快樂等高頻的感情，因此也提高了你這個系統的頻率。

如果你的意念吸引到你身上的是低頻能量，你的身體和感情態度都會變差，接著就開始生病。然而，如果意念吸引到你身上的是高頻能量，你得到的就是生理和心理的健康。低頻系統會從高頻系統吸取能量。如果你沒有覺察自己的感情、自己的意念，你的頻率就會被另外一個系統拉低；你的能量會喪失，跑到這個系統裡。譬如，一個人如果很憂鬱，我們常說他是在「流失」或者「吸食」能量。但是高頻的系統卻能撫慰你，使你鎮靜，使你更新，這是因為他的光在你的系統上面產生作用的緣故。這樣的系統就很「明亮」。

選擇自己的意念，選擇自己要釋放什麼感情、強化什麼感情，也就決定了自己光的性質。決定了自己對他人的影響，也決定了你生活經驗的本質。

「光」代表意識。如果我們不理解一件事，我們會說要讓它「見光」。心裡有疑惑，我們就說我們的過程「需要多一點光」。突然產生某個觀念、重組了我們的意念，我們就說「光亮了」。一個人達到完全地自覺，我們就說他已經「啟蒙」。你解除不好的意念、不好的感情，也就從自己的系統解除了低頻能量。這樣，你確實就提升了自己意識的頻率。

光、頻率、各種頻率的光，這些名詞在我們研究自然光時已經很熟悉。但是用這些名詞來思考宇宙，並非只是譬喻而已。用這個方式思考宇宙不但自然，而且廣泛周全，因為自然光即是無形體光的反映。

自然光不是靈魂的光。自然光行走有一定的速率，沒有辦法更快，而靈魂的光卻是當下的。女兒對父親產生愛的意圖，不需要時間，父親的靈魂馬上知道她的意圖。所以，「當下」占了你相當大的一部分。在無形體界，你決定怎麼利用自己的能量，這個決定立即產生效果，這些效果和你這個人是一體的。

從你的靈魂釋出的能量多半是「當下」這種狀況，但是人格釋出的能量遵循的卻是自然光之道。譬如，恐懼就是一種人格的經驗。靈魂也會疑惑，也會偏離光，但是不會恐懼。靈魂如果感覺自己的某部分沒有光，在人格體驗起來，這個「沒有光」就是恐懼。恐懼屬於人格，所以屬於時間和空間。無條件的愛卻屬於靈魂，是當下的、宇宙的、無限的。

可見光好比一個音階，只是一系列頻率能量連體的一部分，這個連體延伸到我們的眼睛可見之外。同理，無形體光也能延伸到人存在的頻率範圍之外。人的經驗在無形體光裡，恰如可見光在自然光連體之中一樣。可見光只是自然光連體裡的一個頻率範圍，人的經驗也是無形體光連體裡的一個頻率範圍而已。

其他的智慧處在別的頻率範圍內，不過這些生命並不是住在我們以外的地方。紅外光、紫外光、微波光及許許多多頻率和範圍的光，和可見光光譜都是共存的，只是我們看不到而已。同理，種種具有非實體光性質的生命也和我們共存，只是我們看不到而已。在你現在所在之處，就存在著許許多多的存有和存有團體，這些存有和存有的團體以自己的方式在實在界裡活動、發展。他們的實在界和你的實在界交織在一起，就如同微波輻射線和可見光混在一起，只是我們的眼睛偵察不到而已。

我們人這個物種，現在正在從無形體光光譜的一個頻率範圍，進化到另一個範圍；這就是五官人格正要進化到多官人格。多官人格比五官人格來得有光有熱，能量也強。多官人格能覺察到自己的靈魂，能夠偵察到五官人格偵察不到的生命，和他們溝通。

宇宙是個層級結構，卻不見頂也不見底。這個層級結構每兩層之間都有一種「了解」——了解下層的神靈努力在擴展自己的覺察力，而上層的知覺可以是有光、有下層神靈的一部分，也一直受到鼓勵，以成為下層神靈的一部分。如此這般，上層一直在給下層協助。事實上，你一直牽涉在這個過程裡，只是你的人格不曾覺察，因為這個過程是在你靈魂這個層次上進行的。

有很多事情五官人格是覺察不到的。有很多事情，即便是十分強大的多官人格，都得等到生命結束、回返無形體界之後才會想起來。譬如說，你有很多次前生，也有很多未來的人格你覺察不到，但是你這個存有的各部分力量卻是直接從這些前生後世衍生而來，你的一些關係也是。你存有的一面如果從形體上表現出來，譬如變成老師或戰士，那麼在無形體界就有相關的一面也很活躍，並參與在教育或作戰的動力裡。你在形體界的某一刻所呈現的「自己」，代表的是許多次更重大更複雜的一股力量。

我們得自於無形體的協助，來自於頻率比我們高的各種無形體光。那些智慧一直在協助我們，引導我們，五官人格一直不知道，但多官人格卻能有所自覺。這些智慧的創造力都比我們高，所以能夠給我們彼此無法給予的協助和引導。

五官人格連結的階層是在價值一定的幾個階層裡，而且這幾個階層是比較低的階層，控制他人的能力比較弱，自己也比較脆弱。不過從宇宙的觀點看，創造，不論在哪個階層，價值都一樣，都一樣珍貴。若從獲得真實力量的眼光看，創造力高層的存有比較能毫無阻礙地看事情，比較能活在愛與智慧當中，也比較有能力和欲望幫助他人進化到愛與光當中。

每個人的靈魂都兼有引導和導師。引導和導師不一樣。你可以將引導當作某種行業的專家，我們找他來，為的是希望做某種諮詢。譬如你想寫書、做計畫或策畫活動，你很方便就可以找到溫暖、有創意、有識見的引導來納入你的工作。

導師涉入的層面則比較個人。雖然他們都是化身在我們身上的一些非個人能量，但我們卻感覺到和他有一種個人的關係。無形體的導師能使你更接近自己的靈魂，把你的注意力拉向垂直之道（vertical path），使你注意到垂直之道和水平之道（horizontal path）的差別。

垂直之道是覺察之道，是意識之道，也是自覺選擇之道。一個人如果決定要促進靈性成長，培養高層我的覺察，他就是走在垂直之道上。垂直之道是清明之道。「清明的創造力」這種潛能，以及和自己的無形體導師互動的經驗，兩者其實是同一回事。

水平之道則是滿足自己的人格之道。譬如商人，商人所從事的就是投入生命，在水平之道累積金錢，不管他做的是什麼樣的冒險，本質上都一樣。他們賺到錢就取悅了自己的人格，如果損失錢，他們的人格就不快樂。他們做事不為高層我，也不為靈性的成長。

一個人追求的關係如果只為滿足自身所需，如感情的需要、性的需要，他會發現自己與人的關係基本上都一樣；他生活中的那些人是可以替換的；他和第一個人相處的經驗，和第二個完全一樣——這就是水平之道。水平之道的新經驗實際上不是什麼新的經驗，而是一樣的東西。如果要體驗一段扎實深刻的關係，就需要懷著意識和關懷去接近、去進入關係——這才是垂直之道。

但是，這並不是說只有這種狀況才能學習，也不是說水平之道即使不適合靈魂學習，靈魂卻不把它丟掉。每個靈魂遲早都會轉向真實的力量，每種狀況都有利這個目標的完成，因此每個靈魂都會完成這個目標。垂直之道的開端，就在於自覺地決定要完成這個目標。

引導和導師在靈魂進化的每個階段都會幫助他。靈魂會有多少引導和導師，要看他想完成的事，還有他的覺察力而定。靈魂想完成的計畫越大，得到的協助就越多。

你的靈魂認識自己的引導和導師。他利用他們的智慧和慈悲設定出那個後來成為「你」的化身。你的結束，也就是回家的時候，你靈魂裡的「你」這個部分就進入他們等待的懷抱。你時時刻刻都受到慈愛的指引和協助。你時時刻刻都在提昇，不斷得到鼓勵，要進入光裡面。

所有的決定都必須由你來做。無形體的導師不能、也不會替你活出你的生命。導師會在你生活的學習經驗裡協助你，他給你的答案也要視你的問題而定。你可以質問自己的動機，可以禱告、冥思、保持開放態度來等待答案，或者像已經具備直接詢問能力的多官人一樣，直接去詢問答案。你問的是這一組問題，就有這一組門為你開啟；你問的是那一組問題，就有那一組門為你開啟。

不管哪種情形，你的導師或所有的導師都會懷著非個人的慈悲與清明，提供你建議。他們會幫你檢視每種選擇可能得到的結果。他們觸動你感情的方式，會使你覺察到自己什麼地方需要治療。他們會解答你的問題；但你必須先問，然後他們才能引導你的能量。他們會告訴你哪個方向可能導致什麼結果；而且不管你做出什麼決定，他們永遠懷著慈悲與智慧告訴你這些。

導師不會替你製造業力，也不會替你消除業力，這個宇宙沒有哪個存有（包括無形體的導師）能替你背負生命的責任，替你利用能量的方式背負責任。但是，無形體的導師卻能幫助你了解自己的選擇和經驗代表了什麼意義。他能提供知識，讓你做出負責任的選擇、有希望的選擇、明智的選擇。因此，能夠自覺地獲取無形體的引導與協助，是一份無可描述的寶藏，無以言喻的無價寶藏。

你所做的每項決定，不是把你推向自己的人格，就是把你推向自己的靈魂。你每次問「我要怎麼學習愛？」「我要怎樣獲取真實力量，是透過懷疑與恐懼，還是透過智慧？」你的決定都是答案。這就是伊甸園故事的核心。真理之樹種到人類身上以後，就說：「好好學習！你想用什麼方法學習？」

你想用什麼方法學習？這就是終極的第一自由意志行動。你生活中的每個狀況都會遇到這個問題。這個問題是永恆的，就像一場最長的百老匯秀。不管什麼情況，不管什麼時刻，伊甸園的問題一直持續，持續，持續。每一次，每一個狀況存在的機會化約來看都是「你要選擇懷疑和恐懼，還是智慧之樹？」

生命之樹、知識之樹、真理之樹、智慧之樹都是機會，都是原型問題。亞當和夏娃——伊甸園裡的男性與女性原理——偷摘蘋果是很有象徵性的，他們誤用了知識。他們選擇的是濫用知識，所以製造了恥辱。知識在那個時候還不是「人類配置」的一部分。濫用知識、真理和智慧，造成了尷尬與恥辱。尷尬與恥辱又形成罪惡感。罪惡感引發恐懼，人種的進化於焉開始。

決定摘蘋果是屬於進化最高秩序的一件事，我們若以了解人的脈絡來看這個秩序，會覺得不可思議、不可掌握。進化與學習的角色幾十億年前如何隨著人類開始，還有，人在個人生活或群體中如何決定事物，兩者談論起來很不一樣。

伊甸園裡摘蘋果的故事，並不是說真的有兩個人在那樣的地方決定要摘蘋果，這個決定不是關於你我「要不要這樣，要不要那樣」的決定，這個故事說的是地球和人類全部經驗的起始，說的是群體意識背負的能量原理。群體意識有的是壓力，有的是成形的能量、創造的能量。懷疑與恐懼在形成本身傾向的過程中，與信任及光明產生了對立，並因此而存在。它們的傾向也成了人類經驗的傾向。

然而，若將伊甸園的故事理解成人在懷疑和恐懼或智慧之間做選擇，也沒什麼不對。因為，要從智慧學習或從懷疑與恐懼學習，這樣的選擇正是每個人每天、每分鐘都要面對的挑戰。這樣的挑戰在進化的大層次上，反映的正是進化所背負的動態。

這就使得我們開始面對選擇、光、形體界之間的關係。

★欲應用本章節所學與深化自身的經驗，請參看〈學習指南〉第六章。

07 意圖（一）

有的形式（form）不存在實體。比如說，意念就是一種形式。然而，意念是如何形成的？

意念是意識塑造的能量，或者說，是意識塑造的光。沒有意識，就沒有形式。我們有光，還有意識在製造光，這就是創造。

你的身上不斷有能量輸入，從頭頂進入往下流動，通遍全身。你不是個靜態系統，而是動態系統，每一刻都在補充能量，能量在你身上流動。你的每個意念、每個意圖都在做這件事。

你這個系統所流過的光是宇宙的能量，是宇宙的光，但賦予這個光以形式的，卻是你。你的所感、所思、所行，你所重視的東西，你生活的方式，都反映了你如何塑造自己身上的光。這些東西都是你給予光的意念形式、感情形式、行為形式。這些東西反映了你的人格形態，你的時空存有的形態。

改變意識，也就改變了塑造光的方式。譬如說，你向一種不好的東西挑戰，如憤怒，你自覺地用慈悲取代憤怒，那麼你就是在改變塑造光的方式。向不耐煩挑戰，自覺地去理解別人的需要，欣賞別人的需要，你就是在改變塑造光的方式。這樣，你就創造了不一樣的意念形式、感情形式、行為形式。這樣的創造也改變了你的經驗。

每一次的經驗，經驗的每一次改變，都反映出一種意圖。意圖並非只是欲望，意圖是意志的運用。譬如說，你不喜歡你和你先生（或太太）的關係，你會希望這層關係不一樣。但是，光是這樣的欲望，不足以改變你們的關係。如果你真想改變你們的關係，就要從改變的意圖開始，這層關係怎麼變，要看你立下什麼意圖而定。

如果你希望自己和先生（或太太）的關係很融洽恩愛，這個意圖就會使你產生新的知覺。如果你先生愛你，這個知覺就會使你看到他用他的方式表現了對你的愛。如果他不愛你，這個知覺就會讓你看到他不愛你。這個知覺使你重新學會融洽與愛，因而看清如果要改變關係，需要做些什麼，以及是否能做得到。

如果你想結束這層關係，那麼這個結束也是從結束的意圖開始。這個意圖會在你心裡製造一種不安，讓你越來越不滿意你的伴侶。你會感覺自己有種對他人的開放性，那是你從來不曾有過的。你的高層我已經開始尋找新的伴侶。這個伴侶一出現，你就會受他吸引。如果你接受這個伴侶，這也是一種意圖——你的前方就展開了新路。

但是，如果你的意圖互相衝突，你就會在兩者之間拉扯，因為兩者的動力會開始運作，互相對抗。假使你不能覺察自己所有的意圖，那麼最強的意圖就會獲勝。譬如，你或許有一個自覺的意圖，想要改善婚姻，但同時又有一個不自覺的意圖，想要結束婚姻。如果這個不自覺的意圖比自覺要改善婚姻的意圖強烈，不安和不滿的動力最後終究會壓倒改善婚姻的意圖。你的婚姻就終止了。

如果自覺改變婚姻的意圖比不自覺結束婚姻的意圖強烈，而且你的先生（或太太）基本上又支持你，那麼你就會成功。但是，就在你知覺到婚姻的愛與融洽的時候，你那個相抗衡的意圖的動力又會替你、甚至替你們兩個製造疑惑和痛苦，同時使你感覺不安、不滿，期待出現新伴侶。

這就是分裂性的人格。分裂性人格總在和自己鬥爭，他的價值觀、知覺、行為是不完整的。分裂性人格沒有自覺到自己的每個部分。他很害怕他自己有些層面在危害他所追求、所得到的東西，所以他害怕這些層面。

分裂性人格體驗到的是環境總是比人強。假設他有一個自覺的意圖想要改善婚姻，但是又有一個不自覺、但比較強的意圖想要結束婚姻，那麼，一旦他的婚姻真的結束了，他就會覺得，儘管他這麼努力，儘管他已經盡了最大努力，事情還是不能如他所願。事實不然。事情總是如我們所願。只是，由於他的意圖互相衝突，所以在他內在流通的光裡製造了太多的混亂。

如果互相衝突的意圖近乎平衡，又或者一個人不願或無法認識自己的某一面或某些面正在和自己自覺的意圖對立，他就會遭受到沉重的壓力，產生感情的痛苦。這些都會造成精神分裂或生理疾病。即使情況比較輕微，這種苦惱也一樣避免不了。

分裂的人格需要治療。人格一旦變得自覺而完整，就會治癒靈魂裡化身出來接受治療的部分。完整人格裡面流通的光是集中、清楚的光束。他的意圖強而有力。他成了雷射，成了集相光束，其中的每一波都在強化每一波。

完整的人格並不像雷射那般，但是雷射卻很像完整的人格。雷射代表的是形體界的能量動力；這種能量動力一直到最近都不算是人類主要的經驗。但是，人即將進化成另一個物種，對這個物種而言，本世紀中葉發展出來的雷射，卻從自然界反映了一種非常重要的動力。

我們即將進化的物種，是完整的個人。這種完整的個人知道自己的本質是光的存有，能夠自覺、明智、慈悲地塑造自己的光。因此可以說，集相光就是沒有自我衝突的光。對於人的經驗而言，這是一種新的現象，代表了全人類一種新的能量動力。換句話說，科學的成就反映的並不是個人或國家在實驗室裡的能力，而是我們這個物種的精神能力。

意圖影響的不只是我們的關係。意圖會推動一個過程，影響生活的每個面向。譬如，假設你想換工作，這個改變的開始就在於意圖的改變。離開目前工作的意圖一旦進入你的意識，你就開始對別的地方工作開放了可能性，對別的事情開放。你越來越不安於目前的工作，你的高層我已經開始尋找新的工作。

於是等到機會一出現，你早已準備好要接受。你或許需要時間自覺地進入狀況，讓自己熟悉狀況，因為人性本來就是抗拒變化的。但是，只要你接受改變，你的意圖就會從形體上表現出來，呈現為一種形體形式。

你所做的決定並不只是在哪裡就職、和誰合作、住在哪裡這種事而已。影響你生活最大的，也不是這些事。你無時無刻都在依照自己對宇宙、對他人、對自己的態度決定事情。你一直在決定事情，你的決定也時時刻刻創造你的經驗。你是決定事情的存有。

光是決定向自己的憤怒挑戰、努力用理解代替憤怒，並不會馬上改變你對宇宙、他人或自己的態度。但是，這樣的決定卻會透過你的感情，使你覺察到自己的這些態度。如果你一直是負責任地、明智地決定自己生活上的事，這種態度都會反映在你的決定裡。最後，你內在最深處決定事情的過程，也就是時時刻刻塑造你內在流通的光的過程，就會和你自覺決定的事情結合在一起。在你選擇覺察自己的態度之前，這個決定事情的過程，依舊和你不自覺決定的事結合在一起。

你用自己的意圖創造了自己的實在界。

為什麼會這樣？

意圖會塑造光、推動光。每個意圖，不論是憤怒、貪婪、嫉妒、慈悲、理解，都會為光的運動加入能量，形成種種模式。形體物質就是最密、最重的光。

生命在形體界演化。但形體界並非空洞的、死的舞台。每一種形體形式，還有無形體形式，都是意識塑造出來的光。除卻意識，形式即不存在。宇宙的星球沒有一個不是有某一層次的意識在動，只是可能不叫「意識」而已。

形體界，還有形體界之內的有機體和形式，都是光系統中的光系統。這個光和你靈魂的光是一樣的。這些光系統，每一個都是意識塑造的。地球學校這個形體界是寄身其中的人的種種決定塑造的。

那麼，形體界和你生活中的種種選擇有什麼關係呢？

實在界是一種多層次的創造。世界沒有兩個人的實在界完全一樣。

你的實在界，第一層就是你個人的實在界，也就是你個人的生活、你個人影響力所及的範圍。你的種種決定在這裡效果最大，也可以直接感受。因為你決定要仁慈，不要冷酷，所以你改變了意識的頻率，因而改變了自己的經驗。在你個人的實在界裡，你可以選擇自私或給予，輕視自己、他人或以慈悲對待，服務自己、他人或地球。這些決定，每一個都在塑造你身上流通的光，創造你內在的實在界。這個實在界遍撒在你周遭所有的實在界上面。

你的實在界，第二層是你的家庭。幾個個人的靈魂聚在一起，就會形成一個團體能量場，也就是團體裡諸靈魂的能量合併在一起。這時，你在個人實在界所做的種種決定，譬如要自私或給予、要生氣或諒解，都會影響到你和家人共有的實在界的塑造。這一點於家裡的每個人莫不如此。譬如，你父親是可靠的，或者他愛酗酒，都會影響到你這一個層次的實在界；你母親是膽小還是果斷，你姊姊是好嫉妒還是愛護你，各種情況無不如此。一旦你進入這一層實在界，也就進入將別人包括在你生活之內的一層氛圍。這一層氛圍雖然還是個人的，但是你已經開始從你個人實在界的那種親密向外移動。

你的實在界，第三層就是你的學校或工作場所。這一層實在界也是和他人的合造物，比你和家人共有的實在界來得非個人。你在個人實在界很重要的種種知覺，有些到了這一層就不再重要。譬如，也許你發現自己只要願意禱告，往往有求必應。但是這種知覺對於你的企業，或你就讀的大學的運作，並非必要。因此，若你想和大學演講廳裡坐在你旁邊那個人分享這種知覺，和公司門廳的接待員分享這種知覺，實屬不當。

你的實在界，接下來的一層包括你在生活中接觸到的人，譬如你向他買飛機票的人，在雜貨店碰到的人、公車司機、鎮上的商人都是。你在這一個層次，乃至於更非個人層次所持有的一些想法，有些就沒有你在個人實在界持有的想法那麼地個人、那麼地切身。你在這個範圍內，和地球上比較寬大而普遍的信仰氛圍共享你的個人信仰。

換句話說，你從個人的實在界向外移動的時候，你是在一連串的能量波段裡向外移動。越向外面，和你共享能量波段的人就越多。你和這些人在振動上共通的東西非常多，譬如，大部分人都了解「城市」和「都市地區」，大部分人都知道「歐洲」和「美國」，上述四者都是集體共同的知覺，可是共有的程度都比不上「水」、「空氣」。「水」和「空氣」是我們地球上普遍的知覺。

我們的地球上，並不是每個人都知道有個地方叫「歐洲」。「歐洲」在地球上是多數人的知覺，卻不如「空氣」一般是種普遍的知覺。在意識上因為禱告而獲得解答，並非我們地球上多數人的知覺。因此，雖然你大可告訴雜貨店的人，說你禱告而獲得了回應，但是你最後會因為替自己考慮的緣故，而不和別人分享這種知覺，因為你知道他們的意識無法接受你的說法。

你的實在界，接下來的一層是你住的市鎮或城市，再接下來是你住的那一省或地區，接下來是你的文化或國家。國家是蓋婭（Gaia）——地球靈魂——人格的一面。地球靈魂本身也在發展自己的人格和靈性。美國這個國家的群體動力即是蓋婭人格的一面。加拿大的群體動力，格陵蘭的群體動力，每一個國家的群體動力，都是蓋婭人格的一面。個人的靈魂參與蓋婭這些人格面的進化，形成這些群體能量動力，他們自己也接受這些國家業力能量的推動而發展。

譬如，姑且把美國當作一個能量單位來看待好了。這個能量單位帶著一種意識在演化。個人的靈魂通過這個集體意識，擴展它，在其中創造行動，創造意念，創造因果。這個能量就這樣累積了它的業力。個人的靈魂和他們國家的關係，就好比身體細胞和身體的關係。你的意識影響你身體的每一個細胞，你身體的每一個細胞也影響你的意識，這裡面有一種相關性。所謂美國這一個集體意識中的每一個人，都可以視為這個國家的細胞。

地球不等於地球學校。地球是行星，不論有沒有人，它都存在。這個行星存在的目的可以說是雙重的。地球有它自己的進化，但這個進化的一部分就是庇護所謂人這個物種。地球早就同意和人類互動，讓這個物種的發展和它的意識融合在一起。這一項協定，有一部分可以理解為物質在這個行星上將和地球的意識一起創造出來。由於地球如今已經有了有創造力的住民，因此便要回應他們的能量。我們這個物種和地球形成了一個互相回應的系統。這種情形就好比大自然不但存在，而且還是一種共同創造的歷險。

沿著你的實在界的各層一直往外移，這些層次就一層一層越來越非個人。接下來的一層，就是你所屬的種族。如果你是黑人，這表示，你，和你的靈魂選擇的是參與成為黑人的進化過程。你的快活、憤怒、智慧、仁慈都在一起塑造這個非個人的能量動力。

接下來的一層是你的性別。如果你是女性，你選擇的，就是參與人類女性的進化過程。

如果你將這個結構看成倒置的金字塔，你個人的實在界放在最低層，以上各層包含的東西就越來越多，也越非個人，那麼，最上面的一層是最寬闊、最非個人的一層，就是人性，也就是「做人」這種經驗。

身為個人，你可以參與團體的經驗，但同時又是個人。這就像你可以同時是男人、父親、丈夫，或女人、母親、妻子一樣。這種經驗都是同時並行的經驗。其中有些是集體的經驗，有些是個人的經驗。譬如，你可以有做父親的個人經驗，但同時也有擔任棒球員在球隊裡打球的經驗。你在球隊裡參與的就是團體的能量系統。

你對自己參與的每一個集體意識的創造與進化都有貢獻。一個人如果是法國人，他就對這個叫作法國的團體意識的進化有意識。一個人如果是天主教徒，他就對這個叫做天主教的團體意識的進化有貢獻。

換句話說，創造實在界的動力不只在一個層面運作而已。你在這裡，你就參與了個人實在界的創造，也參與了非個人實在界的創造。你參與一棟建築物的建造，這棟建築物會在你死後很久依然存在。同理，你參與了團體能量動力的進化，這股團體能量動力在你死後很久也依然存在。

蓋房子是一種團體的作為。房子這個實在界的建造有很多靈魂參與其中。這個實在界不是只用個人的能量建立，而是用團體能量建起來的。因此，它的存在依靠的是共同建造的每一個人。同理，你現在也在參與台灣的進化；有一天你死了，這個叫做「台灣」的地方依然存在。

你連接在各個層次裡，而且還透過這些層次和你的經驗銜接。你從個人生活的個人經驗走進家庭，乃至於家庭以外比較龐大的經驗，便是走進團體能量的動力。家庭的團體動力，是更大的社群團體動力的一部分。社群團體動力又是更大的國家團體動力的一部分。團體動力在這個系統裡前進；這一整個系統——整個倒立的金字塔——就是人種的靈魂。

人種的靈魂，有時候我們稱之為集體潛意識，但事實上不是。人種的靈魂是人類的靈魂。你的靈魂是人類靈魂的縮型，是宏觀裡的微觀，有他個別的能量與力量。作為這個微觀的一部分，你擁有這個宏觀劃歸給某一頻率上的個別形式的所有力量。你形成了幫助全體進化的集體能量；只是這些集體能量本身不是靈魂，也沒有靈魂。微觀與宏觀之間有各種經驗供給個人靈魂在團體中學習，並且參與團體〈例如國家、宗教〉的進化，參與構成人類經驗之個人經驗的進化。

如果你從倒立金字塔的最頂層往下移一層，你的經驗就會從人類演化的一部分降為男性或女性能量演化的一部分。再降一層，你就成了高加索人、黑人，或蒙古人演化的一部分。再降一層，你就成了美國這個能量場演化的一部分。再降一層，你就成了個人演化的一部分。這個個人的經驗可能包括參與軍人演化的一面，可能包括參與教師演化的一面，也可能包括參與父親演化的一面，等等。一層接一層，每一個人的實在界看起來就是這個樣子。

從最上層，全人性、全人道以降，每一層對你的定位都越來越個人，越特定。最非個人的意識——人類，位於第一層。接下來，這個意識開始擁有個人屬性。譬如，「你是美國的一部分」就是個人的屬性。「你是白色美國男性」或「你是棕色美國女性」也是個人的屬性。你個人的經驗和特質都在推動全體的演化，而以上這些，即是你個人經驗和特質的一部分。

類比來說，大學就是一種團體動力。大學的每個部門——大學部、企管、醫學、法律——也是一種團體能量系統，一種包含面較小的集團，所包含的進化中諸靈魂的團體能量比較少；但是這些學院系所發生的事都會影響到大學全體。接下來各系所之內，有的是某一班級的經驗。班級更加個人。班級之後是學生本人的經驗。這就是非常切身的經驗了。

每一個體的實在界都是自己的意圖和他人的意圖創造的。我們心目中大家共有的形體界是一種混合，或說是一種組成，是一些特定的實在界所形成的廣大披覆面。我們在這個變動不居而廣大的意識裡面彼此獨立存在，但也互相依賴。

身為一個物種和個人，我們已經日漸覺察意識對這個過程的影響力。

★欲應用本章節所學與深化自身的經驗，請參看〈學習指南〉第七章。

08 意圖（二）

你是自己靈魂業力的產物。你天生的性向、氣質、態度都會影響你靈魂的學習。你的靈魂必須學習一些課題，以求得靈魂能量的平衡。於是他的某些特質就會開始變得不必要，遂被其他特質取代。你就是這樣成長起來的。

譬如說，你一旦了解憤怒毫無意義，你的憤怒就會慢慢消失。於是在經驗方面，你走向了較完整而成熟的傾向，以前使你憤怒的事，如今讓你產生了不同的反應。

除非你覺察到憤怒的後果，否則你就會一直憤怒下去。如果你直到生命結束時仍然沒有覺察，你的靈魂就會透過下一輩子的經驗繼續學習這個課題。他會化身另一個人格，而這個人格會有和你類似的樣貌。

人在這一生沒有學會的課題，都會轉移到下輩子，然後再加上一些新的課題，加上他下輩子的人格對種種情況反應而生的業力責任，再讓他繼續學習。靈魂已經學會的課題也會帶進下輩子，靈魂就是這樣進化的。人格在時間裡成熟，靈魂在永恆中進化。

你的性向、氣質、態度反映了你的意圖。如果你是憤怒的、恐懼的、不悅的、仇恨的，你的意圖就會讓人對你保持距離。人的感情光譜可以分為兩個基本要素，那就是愛與恐懼。憤怒、生氣、仇恨都是恐懼的表現，包括罪惡感、懊悔、尷尬、羞恥、悲傷等都是，這些感情都是低頻能量，這種低頻能量使我們產生疲憊、衰弱、無能、精疲力盡的感覺。而愛是最高頻的能量，愛會產生快活、光彩、明朗和歡樂。

你經驗的實在界是你的意圖創造的，即使沒有覺察這點，它仍會在你的潛意識發生，所以你必須注意自己投射出去的東西，這是朝向真實力量的第一步。

譬如你在追求友誼和溫暖，但你潛意識的意圖卻是和人保持距離，那麼你就會一直體驗到分離與痛苦。直到有一天你終於了解是你，你自己，在製造這種分離與痛苦，最後你才會選擇和諧與愛。你會開始吸收最高頻的能量，最後了解愛能夠治療一切，愛是全部。

這個旅程可能需要走上好幾輩子，但是一定會完成，不可能不完成。這個問題不在「能不能」，而在「何時」。你創造的每種狀況都有助於這個目的的完成，你遭遇的每次經驗都有助於這個目的的完成。

靈魂藉由化身進入形體界接受治療的旅程，乃是一個創造的循環：

業力↓人格↓意圖＋能量↓經驗↓反應↓業力↓諸如此類

靈魂的業力決定了人格的特質，決定了人格即將在其中出生的種種形體的、感情的、心理的、精神的環境，決定了人格了解經驗之道，決定了人格塑造實在界的意圖。這些意圖時時刻刻都在供給靈魂以平衡能量所需的經驗，也幫助人格在透過智慧或懷疑與恐懼學習之間做最清楚的選擇。人格透過這些意圖塑造光；光由他身上流向最適合他成長、最適合他靈魂演化的實在界。

人格對自己創造的經驗所做的種種反應，會製造出更多的業力，而反應表現了意圖，也決定了下次要創造的經驗。然後，人格對這些經驗的反應，又製造了更多的業力，如此這般，直到靈魂釋放了這個人格和身體為止。

靈魂回到家，他的導師和引導會慈愛地協助他評估這輩子累積的事物，這時就可以看到他要學習的新課題，他所要償付的新業力責任。這一輩子的化身剛完成的經驗要用完全的了解來回顧，此時他的奧祕不再是奧祕，他的經驗的起因、理由，對於他的靈魂，還有與他共享生命的其他靈魂的進化有什麼貢獻，都會全部顯露。他所平衡、所學習的事物使靈魂更接近痊癒，更接近復合、完整。

如果靈魂認為有必要，他會再次藉由導師和引導的協助，再選擇一個化身。他會針對自己要完成的課題，選擇適當的導師和引導。他會和其他的靈魂諮商。這些靈魂和他一樣，都會接受形體界種種互動的好處。然後他再次開始大幅度降低能量，將能量注入物質之中，把自己的能量置於適當的規模和頻率，這就是他要進入地球學校這個學習環境的化身。接著，這個過程重新展開。

我們所知的世界不是用靈魂的意識創造的，而是用人格的意識創造的。世界上的每件事都反映了人格的能量，所以我們相信我們所見、所嗅、所觸、所感、所嘗的一切即是世界的全部。我們認為我們不必為自己行為的後果負責。我們的所作所為，好像我們可以一直占有，占有，占有，而絲毫不受影響。我們追求外在力量，並且在這樣的追求中製造了毀滅性的競爭。

靈魂在循環創造的過程中進化。把意識帶到這個創造過程裡，可以讓我們把世界建立在靈魂意識之上，這樣的世界才反映了靈魂的價值、知覺、經驗。靈魂意識讓你自覺地把靈魂能量帶到形體環境，使聖者的意識和形體物質融合在一起。

我們生活的世界是由潛意識的意圖在不自覺中創造出來的。每個意圖，不論你自覺與否，都會發動能量。你時時刻刻都在創造，你說的每句話都帶有意識，而且帶有智力，因此都是一種意圖，都會塑造光。

譬如，說到「婚姻」，你會興起一種意識、一股能量。兩個人結婚，就變成「丈夫」和「妻子」。「丈夫」意謂一家之主，一家的領導者。「妻子」意謂一個女人在婚姻中加入男人，意謂一家的女主人。有時候「妻子」表示這個女人的階級比較低，丈夫和妻子的關係並不平等。兩人一旦結婚，自稱是丈夫和妻子之後，就進入這一切意識和智力當中。

換句話說，「婚姻」的原型結構可以當作「行星」來看。兩個靈魂一結婚，就進入這個行星的軌道或重力場，因此，不論他們個人原先有什麼意圖，都會開始具有「婚姻」這個行星的特性。他們因為參與婚姻，而成為這個結構演化的一部分。

「原型」是人的集體觀念。「婚姻」這個原型，為的是幫助人形體的生存。兩個人結婚，就互相參與了一個能量動力，他們將生命融入這個能量動力，在形體的生存上互相幫助。但是如今婚姻這個原型已經失去功能，被另一個原型取代，這另一個原型為的是要幫助人在靈性上成長，那就是「靈性伴侶」，或稱「神聖伴侶」這個原型。

靈性伴侶的前提是，伴侶之間有個神聖的任務，就是要互相幫助，使對方在靈性上能夠成長。靈性伴侶承認彼此的平等，靈性伴侶了解人格和靈魂的不同，所以討論兩者之間的動力時，可以不像夫妻那樣受到感情的影響。「婚姻」這個意識裡沒有這種基礎，這種基礎只存在於「靈性伴侶」這個意識裡；因為只有靈性伴侶才看得到他們的結合有一種深刻的理由，才看得到這個理由和他們靈魂的演化有重大的關係。

由於精神或神聖的伴侶可以從這種觀點看事情，所以他們發動的動力就和夫妻發動的完全不一樣。在婚姻的結構動力裡，並沒有靈魂的意識演化這個部分。靈魂的意識演化不存在於婚姻這種結構動力的演化裡，因為婚姻這種演化的原型當初為人類創造出來的時候，「意識精神的成長」這個概念還沒完全成熟，因此沒有包括在內。精神伴侶或者神聖伴侶的構成，在於這層伴侶關係裡的靈魂都了解他們是結合在一層負有使命的關係裡，只是這個使命不是形體的安全而已。

靈性伴侶之間的聯繫和婚姻一樣，但理由完全不同。靈性伴侶的結合不是為了要消除經濟方面的恐慌，不是因為他們可以共同在郊區買一棟房子，不是為了這類概念。靈性伴侶對自己任務的了解或意識不一樣，他們的任務在動力上也不一樣。靈性伴侶的任務在於幫助彼此精神層面的成長，他們知道這就是他們在世上要做的事，一切事物都是為了這個目的。

靈性伴侶因一種理解而結合，那就是，他們之所以結合，是因為這樣才適合他們的靈魂成長。他們了解這種成長可能花掉他們這次化身的一輩子，甚至更久，也可能只要六個月。他們無法說他們要永遠在一起。他們要結合多久，要看他們適合一起演化多久而定。如果靈性要一直發展下去，人所立的一切誓言都無法阻礙靈性道路的突破，都無法阻礙精神道路衝破這些誓言。唯有能夠一起成長，靈性伴侶才適合在一起。

靈性伴侶比婚姻自由，靈性動力也比較準確，因為靈性伴侶是從精神和意識的立場結合。靈性伴侶之間怎樣融合和運用他們的伴侶概念，屬於自由意志。只要他們了解他們的伴侶關係含納了他們的選擇所帶來的結果，只要他們完全知道自己做了什麼選擇，這就是影響他們伴侶關係的方向與方式所有的因素了。

靈性伴侶致力於一種成長的動力。他們的任務確實是對自己成長的承諾；不是對形體生存的承諾，而是對靈性的生存與提昇的承諾。

從人的經驗角度，「靈性伴侶」這種原型是一種新的原型。由於還沒有一種社會習俗接受靈性伴侶這種關係，因此靈性伴侶認為，婚姻這種習俗，只要經過重新詮釋，符合了他們的需要，就是他們的結合最適當的實體表現。這些靈魂將「靈性伴侶」原型的能量注入「婚姻」原型。所以，有些婚姻伴侶才會發現他們的結合，事實上是讓彼此精神互相成長的一種任務，而非只是保障彼此形體的生存、安全或舒適。

外在力量對我們的演化已經不再適宜。同理，婚姻這個原型也已經不再適用。這並不是說婚姻制度將在一夜之間消失，婚姻這種制度還是會存在，但只有帶著「靈性伴侶」這種意識才會成功。這種婚姻的伴侶，將透過自己的參與，而對靈性伴侶這種原型有所貢獻。

只要你將自己靈魂的意識帶到你設定意圖的過程中，只要你決定自己要和靈魂結合，而不是人格，你創造的實在界就會反映你的靈魂，而非你的人格。只要你將生活經驗視為業力的必然，將生活經驗當作非人格能量動力的產物來反應，而非某些互動的產物，你就將自己靈魂的智慧納入了自己的實在界。只要能用慈悲與愛來面對生活難題，而非用恐懼與懷疑，你就創造了「地上的天國」——把平衡而和諧的實在界帶進了形體存有裡。

在意圖和反應的連結上，將意識帶到創造的循環過程裡，使你有很多選擇的餘地，讓意識進入演化的過程。你的意圖和注意力塑造了你的經驗。你想要的東西，透過稠密的物質，透過最稠密的光，變成了你的實在界。你的意圖所在，即是你之所在。

如果你注意的是生活負面的事物，如果你的注意力只放在別人的弱點、過錯和缺點，你吸取到自己身上的，就是輕視、憤怒、憎恨這種低頻能量。你在自己和他人間設立了距離，就表示你為自己的愛製造了障礙，你的能量和力量在人格、時、空、物質界的運動將會變得很緩慢。你將能量運用在批評他人之上，用意是貶低他人，於是你製造了惡業。

但是如果你注意到的是別人的堅強、德性，還有他們努力向上的部分，你帶到自己這個系統的，就是欣賞、接受、愛這種高頻能量。你的能量和力量在靈魂與靈魂之間立即迸發，你成了促成建設性變化的工具。如果你的意圖是將自己的人格與靈魂結合，如果你注意的是在每一種狀況裡將高頻能量帶到你身上的那些知覺，你就是在朝向真實的力量前進。

一旦你認清意識的力量，認清眼睛後面事物的力量比前面的事物強，你內在和外在的知覺就變了。如果你不對別人慈悲，就不可能對自己慈悲；如果不對自己慈悲，就不可能對他人慈悲。你對自己或他人都慈悲，你的世界就慈悲。你把頻率相同的靈魂吸引到身邊，透過你的意圖、行為，還有與他人的互動，和他們一起創造了慈悲的世界。

你追尋並且看到了他人身上的德性、高貴、堅強，你就開始在自己身上追尋這些東西。你在每一種情況下都吸取了最高頻的能量，然後發射這種意識頻率，改變情況。你在意識上就越來越成為光的存有。

覺察意識與形體界的關係，就是覺察業力法則，知道業力法則有其作用，表示你想要什麼，就會變成什麼。如果你要的是向他人和生命盡情占有，如果你的意念是占有，而非給予，那麼你製造的實在界就會反映你的意圖。你會把頻率相同的靈魂吸引在一起，你們共同製造了「占有」的實在界。於是你的經驗反過來反映了你的傾向，確認你的傾向。你眼中所見的人，人格都是「占有」的人格，不是給予的人格。你不信任他們，他們也不信任你。

意圖所有的創造性動力、意圖和經驗的關係，就是量子物理學的基礎。量子物理學是人從五官人格的觀點，企圖了解自然現象所做出最深入的努力。量子物理學是因為人努力了解自然光的本質而誕生的。

我們能夠製造一種儀器，使光產生只有波才會產生的現象，顯示光有類波性質。但是，我們也能夠製造一種儀器，偵測到類似小彈丸的光粒子，還能夠測出每顆粒子的撞擊力。然而，我們卻無法描述光是波現象，同時又是粒子現象。換句話說，除了用實驗儀器來斷定，我們無法描述光（實際上是可見光）的本質，但這又要看實驗者的意圖而定。

人類的科學成就，反映出我們已經用無形體動力物種的身分來覺察事物。物質和時間的領域、五官人格的領域，都曾顯示出這種無形體動力物種。自然光對實驗者意圖的依賴，以一種局部但準確的方式反映了非自然光對靈魂意圖的依賴。同理，自然光的本質也以局部但絕對準確的方式，反映了宇宙光的本質。

由意圖創造形體經驗，把光注入形式，把能量注入物質，或是靈魂注入身體，都是同樣一件事。由能量創造物質——你要了解這種事的艱難——如同你的人格要覺察你靈魂的能量一樣艱難。靈魂和人格的動力與能量轉換成物質的動力是一樣的，其間的系統都一樣，你的身體就是你的意識體，你的人格即是你靈魂能量所轉換成的「物質」。無法覺察到這點，你的系統傳送的就是分裂；覺察到這點，你的系統就恢復完整。

靈魂對人格的動力、能量對物質的動力，存在於所有創世紀神話、樂園故事的核心當中。在隱喻上，這麼說吧，你不是活在伊甸園、活在自己創造的實在界當中嗎？你在這個實在界當中，每天都在決定怎樣運用你內在的男性、女性原理，亞當與夏娃原理、代表個人能量系統的「樹」、你自己的知識之弦等等，來創造自己的實在界。你將決定怎樣運用力量，決定要建造樂園，還是要遭到驅逐？

創造是每一個人遭遇的挑戰。

那麼，你是要懷著敬意去創造，還是漫不經心地去創造？

★欲應用本章節所學與加深自身經驗，請參看〈學習指南〉第八章。

第三部

責任

RESPONSIBILIT

09 選擇

「選擇」是演化過程的中心，是我們演化的發動機。**你所做的每次選擇，都是意圖的選擇**。譬如你在某種情況下保持沉默，這種行為可能是要完成懲罰的意圖，可能是要分享慈悲，可能是要消除仇恨，也可能是要表現耐心，表現愛。你也可能不沉默而是講話擲地有聲，為的是完成相同的意圖。你的選擇，加上行為和意念，即是意圖，即是你加在自己行為或意念上的一種意識。

分裂的人格有幾種面貌，甚至有多種面貌。一種面貌可能是有愛心、有耐性，另一面可能就是仇恨心；一面可能是樂善好施，另一面可能就很自私。這些面貌，每一面都有它的價值和目標。如果你沒有覺察到自己所有的面貌，其中最強的一部分就會壓過其他部分，你的人格就會運用這一部分的意圖來創造他的實在界。

譬如，假設有人到你家偷東西被你抓到，你仁慈的一面可能希望給他一次機會，但是如果你仇恨的一面比仁慈的一面強，你可能就會一面夾雜著矛盾的感情，一面就把他押到警局去了。

你若沒有自覺到自己的每一面，就無法自覺地選擇自己的意圖。你若對自己的每一個部分沒有自覺，就會常常想說、想做一件事，可是卻說了、做了另外一件事。你希望生活走往一個方向，實際上卻走往另外一個方向。你可能想去除自己經驗中某種痛苦的模式，卻任由它一再發生。

分裂的人格想讓自己完整並不容易，因為他只有幾個部分想要完整。至於其他的部分，因為沒有另幾個部分的責任感、關懷、慈悲，所以會把他拉走。其他的部分想製造讓自己滿足的事物，製造自己已經習慣的事物，這些部分往往是比較強、比較根深柢固的。分裂的人格往往要在自己互相對立的部分之間做選擇，而選擇點就是我們演化的主要狀況，就是根本的狀況。

選擇意圖就是選擇業力之路。譬如，你講的話、做的事是出於憤怒，你就製造了憤怒的業力。如果是出於慈悲，你就製造了慈悲的業力，於是你前面展開的便是另外一條路。這點，不論你是否覺察自己的每個部分、是否覺察自己每一刻所做的選擇，都一樣。通過綿密的形體物質，通過不自覺的意圖製造的經驗而不自覺地演化，到目前為止，依舊是我們人類的方法。這就是不自覺地走向真實力量之路。

透過負責任的選擇進行自覺的演化，乃是多官人格和即將變成多官人格之五官人格的加速演化之道。負責任的選擇，就是自覺地走向真實力量之路。

何謂負責任的選擇？

跟隨自己的感覺，你會覺察到自己的各個部分，覺察到自己想要的種種事物。但是這些事物你不可能同時得到，因為它們有很多都互相衝突。你的某部分想多賺錢，想要大房子，但是這部分卻和你苦於貧窮和飢餓的部分衝突。你有一部分懷著慈悲想接觸他人的美善，但是這部分卻和你想利用他人滿足自己的部分產生衝突。滿足了自己的一部分，另外的一部分就不滿足。你的一部分的滿足，製造了另一部分的痛苦。於是你就分裂了。

量子物理學的實驗者無法從自然光中同時產生波經驗和粒子經驗。他必須選擇自己要製造哪一種經驗。同理，當你要塑造非自然光，你也必須選擇自己要製造那一種經驗。

一旦自覺到自己人格的種種部分以後，你會覺察到自己內在有種種力量在互相競爭，追求表現，時時刻刻都在要求成為你唯一的意圖、塑造你的實在界。但只要你能自覺地進入這些動力之中，你就為自己創造了一種能力，能夠在自己內在種種力量之間自覺地選擇，決定要將自己的能量放置在何處，又是如何放置。

如果你選擇的是不選擇，那就是讓自己耽溺在不自覺當中，這就是濫用力量，不負責任。覺察自己分裂的人格，覺察分裂的人格需要恢復完整，就使他產生「自覺選擇」的必要。每次的決定，都需要你選擇要培養自己哪個部分，去除哪個部分。

負責任的選擇，就是要考慮每一種選擇的後果。選擇具有責任，每次選擇前都要先問自己：「這樣做會造成什麼結果？我是否真的想造成這種結果？我是否已經準備接受這種選擇的後果？」隨著你考慮中的選擇而來的將來，你要將自己投射到這個將來之中。這樣做的時候，不要使用意圖的能量，只要很單純地如人飲水，試試自己想要製造的事情的感覺，看看自己感覺如何。問問自己：「這真是我要的東西嗎？」然後再做決定。做選擇的時候考慮到後果，而且一直保持自覺，這樣的選擇就是負責任的選擇。

只有經過負責任的選擇，你才能有意識地培養靈魂的需求、滋育靈魂的需求，向你人格的欲望挑戰，去除欲望。這就是清明而智慧的選擇，一種自覺地轉變的選擇。這種選擇是選擇愛、寬恕、慈悲的高頻能量，決定聽從高層我的聲音、自己靈魂的聲音。這種選擇是決定接受你的引導和導師的協助，是自覺地走向真實力量之路。

為什麼是這樣？

你可能覺察到，欺騙別人會和自己的靈魂產生衝突，但是為了利益，為了不想失去你還不想失去的關係，你仍然欺騙了別人。你可能知道和他人分享你的思想、行為是慈悲之路，但是因為不想多花錢或失去安全，所以你決定不這麼做。只要你選擇的是靈魂的能量——決定用愛、寬恕、謙卑、明智這種意圖來創造——你就獲得力量。但如果你決定用人格的能量，用憤怒、嫉妒、恐懼來創造——決定由恐懼和懷疑來學習——你就失去力量。所以，你要獲得力量還是失去力量，要看你所做的選擇而定。

人格只對自己有興趣。可以這麼說，人格喜歡刺激。人格不一定有責任感、關心他人、有愛心；而靈魂的能量則是宇宙的愛、智慧、慈悲的能量。靈魂用這種能量創造。

人格認為力量是外在的。他用競爭、感覺、得失這種觀點來知覺事物，用和他人的比較來衡量競爭、威脅、得失。你和人格合作，就賦予五官、外部環境和目標以力量，而削弱了自己的力量。但是，你一旦開始覺察自己精神面的起源和不朽，並且優先依照這種起源和不朽而活，然後才依照形體的生命而活，你便彌補了人格與靈魂間的空隙。你會開始體驗到真實的力量。

用人格的知覺、五官的知覺來和他人互動，會有一種幻相，可是自己看不見。譬如說，兩個朋友雖然有了不和，然而這種不和，卻不至於像那些靈魂冒出來接受治療的種種面貌那般衝突。因為，如果這兩個人的靈魂沒有協同一致，他們根本就不會相遇。

又譬如，有一個父親很希望他兒子出生時他能夠在場，然而因為環境的關係，無法如願以償。不過，「他在別處」這個知覺，事實上是個幻相。他和他兒子確實是在一起的。人格一旦強化而變為完整，就會圓滿具足，這種幻相也就隨它去了。這就是靈魂的動力創造的事物。靈魂不論置身何種狀況，都會藉由吸收到狀況的力量，從所有的世界盡情製造事物。

有些人所決定的事情，從外表看來似乎很愚蠢，或者無法覺察自己的處境；但是事實上，他們已經在啜飲環境中最好的瓊漿玉液，完全圓滿具足，幻相也就隨它去了。

但是五官人格卻看不清這點。分裂的人格無法圓滿具足。他在這一刻感覺心滿意足，下一刻旋即被憤怒、恐懼或嫉妒取代，結果是他自己的兩面互相衝突，互相鬥爭。對於自我這種衝突、鬥爭，你的反應決定了你（意識和潛意識）的進化之道；決定你是透過善業或惡業而進化，或是透過恐懼、懷疑而進化，或是透過智慧而進化。

如果你對這種衝突、鬥爭有所自覺，你就能自覺地決定自己的反應，從而創造出你要的業力。你能夠替自己的決定帶來一種覺察，知道你每一次決定的背後有什麼東西，有什麼後果，因此依據這種覺察決定事情。只要自覺地進入自己的決定動力，你就會將自己的意志納入你的創造循環；你的靈魂藉著這個創造循環演化，你也就自覺地進入了自己的進化。

這是需要努力的。但是，憤怒、自私的行為會造成一些後果；行為不慈悲，在別人身上製造了憤怒、痛苦、不安，自己也會因為知道要承受這些東西而心生恐懼。比起活在這種後果和恐懼中，努力地覺察自己人格的衝突、鬥爭難道會更難嗎？將自己投射到每一個行為、每一次選擇可能的後果中，看清自己每一刻的感受，看清每一種後果是否讓自己舒坦——如果這樣的努力能夠讓你收穫愛、慈悲，收穫真實的力量，這種努力難道不值得嗎？

你每一次把自己和靈魂結合在一起的決定，都會得到多次的回報。你自覺地選擇真實力量之路、選擇垂直之路時，你那追求光的部分雖然可能不是你最強的部分，卻會得到宇宙的支持。

譬如，假設有個人因為身體或精神某方面需要治療，必須在營養的攝取上大幅改變，他得放棄原來的飲食習慣，改吃一些振動頻率較高的食物。這時的他，人格裡可能只有百分之十願意這樣做，其餘百分之九十不願意。但是，由於這百分之十得到宇宙的支持，到最後就會比那百分之九十來得強大。因為這百分之十為了健康與完整，選擇的是改變飲食之路；那百分之九十卻抗拒改變，想保持原狀。

所以我們思考的觀點要放在「決定事情」有什麼意義，讓自己的全部與負責任的決定結合在一起有什麼意義。當你開始治療自己，自覺地向自己想要的東西展開追求的旅程，要認清宇宙支持的是你身上意圖最清楚的部分。

你一直在接受你的引導、導師，還有宇宙的指引、協助。你只要自覺地決定走向靈魂的能量，就會召喚這種引導。你努力將自己和靈魂結合在一起的時候，只要要求宇宙的祝福，就會在自己和引導、導師之間打開一條通道。你幫助他們努力來幫助你。你激發了無形體界的力量。在自己和無形體的引導之間打開一條通道——這就是所謂的祝福。

一個人格如果自覺到分裂，因而努力追求完整，那並不需要製造惡業才能夠進化，才懂得負責，才能獲得真實的力量。你自覺地在人格的需要與靈魂的需要之間掙扎選擇的時候，你就進入了一股動力之中。透過這股動力，你可以不製造惡業而進化。這股動力就是誘惑的動力。

何謂誘惑？

誘惑是宇宙慈悲之道，目的是讓你通過惡業的動力。否則，一旦你讓惡業動力在形體上表現出來，對你就有害了。誘惑是一種能量，你的靈魂透過這種能量得到預先演練生命課題、演練狀況的機會。如此一來，你就能夠用自己的能量消除這個課題、狀況，因而痊癒，也不會波及別的靈魂的大能量場。誘惑就是真正穿上戲服，彩排惡業經驗。

整個誘惑的動力，就是一種慈悲之道，為的是讓你看見自己可能掉落的陷阱，在你影響他人生活前，先清理自己。那是一種誘捕，只要你事先看清楚了，就能很慈悲地把惡業從你這邊引走，以免你製造業力。你對這種誘捕做出反應，讓自己覺察，而不必經歷真正的經驗，這樣你就清理了自己。你清理自己，卻不必製造業力，波及別的靈魂。誘惑是多麼巧妙！誘惑使你覺察到一些如果不覺察，就會製造惡業的東西。

換句話說，誘惑是一種思考方式，用來從人的能量系統引開惡業，卻不傷害他人。靈魂了解這一種事情。只要不干涉它，這種思考法就會在人的能量系統裡完整運作，不會波及集體意識，污染集體意識。誘惑不是詭計。每一次的誘惑都是機會，讓靈魂學習課題但不製造業力，透過自覺的選擇直接進化。誘惑的動力差不多可以視為「人類經驗」這種挑戰性動力的能量，或稱「撒旦原理」（Luciferic principle）的能量。誘惑的動力有助於力量的演化。

Lucifer 意思是「帶著光的人」。誘惑這個「撒旦原理」是一種動力；每個靈魂都會從這種動力中得到一個機會，就是可以向自己那些抗拒光明的部分挑戰。在伊甸園故事裡，代表撒旦原理的是蛇，是人以外會誘惑人、但不足以主宰人的一種所有。撒旦的能量會誘惑你，誘惑人必朽的、五官的一面，但是這尾蛇卻無法毀滅人的靈魂。這尾蛇所能危害的，只是你身上和形體物質太過連結的部分。蛇屬於世間。你太接近世間，推崇世間諸神，把世間當神、當主人的時候，就要遭蛇咬。

帶著光的能量（撒旦的能量）曾經誘惑拿撒勒的耶穌，結果耶穌後來成為基督；曾經誘惑西達塔．喬達摩，結果喬達摩後來成為佛陀。如今誘惑你的，也是這種能量。這種能量誘惑會計貪污，誘惑學生欺騙，誘惑人通姦，誘惑人追求外在力量。這種誘惑使你靈魂的光和人格的光對抗，在你前面畫出垂直之路和水平之路。

「轉變」的本質在哪裡？就在「誘惑」這種慈悲之道。誘惑是使靈魂認識自己力量的高貴手段。你受到外在環境誘惑或危害的時候，就失去力量，此時外在環境的力量會壓過你。但是，如果你的選擇使你和自己靈魂的能量結合，你就賦予自己力量。真實的力量就是這樣獲得的，真實的力量就是一步一步，由一次又一次的選擇所建立。你必須取得真實的力量；冥思、禱告都能使它存在。

譬如你決定要消除憤怒，你將因此創造出一塊能量模板，由這塊模板形成你的經驗。這種能量模式會把你的內在憤怒引到表面，好讓你去除。只要你決定向自己某種不好的一面挑戰，決心要消除這一面，這一面就會跑到前景。於是一切事物都開始幫助你完成這個目的。你的夢會向你顯示你憤怒的原型動力，你會發現自己老是陷在使你產生憤怒的狀況裡，你的生命因為憤怒而扭曲了。這是你決定向自己挑戰的一面，而宇宙已經對你的決定有了慈悲的反應。

當你自覺地激發智慧、激發成長，你就自覺地激發了你不完整的部分，使它們出現在生命的前景。每一次憤怒、嫉妒、恐懼的發生，都使你面臨一次選擇，要不就是向它挑戰，要不就是屈服於它。每次你向它挑戰，它就失去力量，你就得到力量。每次你受到誘惑而想要憤怒、嫉妒、恐懼，但是你向它挑戰，你就賦予了自己力量。但是，如果你所做的選擇不在意紀律和意圖，你的內在就無法累積力量。

如果你認為自己無法抵抗誘惑，那麼，這種情況下，你真正做的其實就是允許自己不負責。不過，你認為自己無力克服、無法抗拒的那些欲望、衝動，其實都是因為你的上癮。你人格裡有些部分很強，而又抗拒著靈魂的能量，上癮就是這些部分的需求。上癮是你的人格，是你靈魂的化身裡最需要治療的層面，是你最大的缺陷。

你的上癮可能在飲食方面，可能在藥物、脾氣方面，也可能在性方面。你的上癮也可能不只一端。但是，**不論是哪種上癮，只要你不了解背後的動力，就無法去除**。每一種上癮的後面都有一種知覺——把力量視為外在、視為控制他人和環境、利用他人和環境的能力。每種上癮的背後都是力量的問題。

我們應該了解，身為一個物種，我們很自然地就是要和力量達成和解。要走向靈魂之旅，起點就在於這種了解。每個人都在經驗自己所做選擇的因果，都在經驗自己用來填補空虛、懦弱的那些欲望的因果，我們可以用「不安的人性」來描述這種動力。但這只是表面，背後真正的機制和作用，其實在於這是一趟走向真實的、真實力量的旅程。

就是這個道理，讓每個人都和力量問題糾纏甚深，包括沒有力量、獲得力量、力量到底是怎麼回事、該如何運用力量等。不論是感情、精神、生理或心理，每次的危機背後都是力量的問題，而且根據你戴著什麼眼鏡來看待危機，你要不就是向靈魂接近一步，要不就是向世間接近一步。

走向「完整」的旅程，需要你懷抱勇氣，誠實地、開放地正視自己，正視自己的感受、知覺、價值觀、行為背後的動力。這是一趟突破自我防衛之旅，好讓你自覺地體驗自己人格的本質，面對自己生命已經產生的狀況，然後決定如何改變這些狀況。

★欲應用本章節所學與深化自身的經驗，請參看〈學習指南〉第九章。

10 上癮

只要你不承認自己上癮，就無法展開戒除上癮的工作。只要你不了解自己上癮，你就無法削減它的力量。

我們的人格都知道自己的上癮，都會為它們穿上美麗的外衣。人格會告訴自己和別人他的上癮是有利的、必要的。譬如一個人愛喝酒，他一定會告訴自己和別人，說喝酒是緊張的一天之後用來放鬆、取樂的好方法，所以是有建設性的。又譬如，一個人耽溺於性愛，他一定告訴自己和別人，說隨意的性邂逅是親密的表現、愛的表現，反映的是一種進化的、解放的知覺，所以是值得的。

要承認自己的上癮，需要一些內在工作；需要你看清自己在生活的什麼地方失去力量，什麼地方被外在環境控制。**要承認自己的上癮，必須突破自我防衛**。因為，即使你明確地願意解決問題，即使外在的情況（如酒醉駕車受傷、外遇影響婚姻）證明了你的上癮，人格一開始仍然會認為上癮是小問題，不久之後才會承認有點問題，最後才會承認是大問題。

人格為什麼總是不肯承認自己的上癮？

承認上癮，接受自己有上癮，就是承認自己有一部分失去控制。人格不肯承認自己上癮，是因為一旦承認，就是要他放棄自己失去控制的一部分，或者想辦法處理這一部分。上癮一旦獲得承認，就再也無法忽視不管；要去除上癮，也不能不改變自己的生活方式，改變自己的自我形象，改變你整個知覺的、概念的架構。但是我們不想這樣做，因為「改變」違反我們的天性。因此我們總是不承認自己有上癮。

上癮並非只是「吸引」而已。譬如，男女互相愛慕、彼此感覺溫暖而互相吸引乃是天性。但是上癮卻不只是這樣。上癮的特質在於迷惑和恐懼，這裡面有的是吸引加上恐懼，加上相對於整個情況來說大得不成比例的能量。「吸引」乃是生命中愉悅的部分，可以滿足，然後成為過去。但是上癮卻不行。

上癮永遠無法滿足。譬如，性方面的上癮就不是用性能夠滿足的。要了解，性上癮背後的動力並非性的動力，這是第一個線索。性的上癮或衝突，事實上是在為一種較深層的動力服務。

上癮可以暫時麻痺。譬如，性的上癮可以因為害怕破壞關係而潛伏在一段關係裡。但如果不承認它的存在、不了解它背後的動力，就無法治療。沒有治療，性的上癮會在人格最不安、最受威脅的時候衝破關係，衝破單偶婚姻制的門面。這時候，人格就會感受到他人的性的吸引。

性的縱欲在人類身上最為普遍，因為在人性結構裡，性的學習和「力量」有直接的關係。性和力量在我們這個物種身上是同時受造出來，以便相輔相成。因為這個道理，所以每個在性方面失控的人，都有無法控制自己力量的問題。這兩個問題本質上是一樣的。

一個人不可能一方面掌握自己力量的中心，一方面卻又在性方面失控，或一味受到性能量的主宰。這兩種東西不可能並存。

性的縱欲背後的動力是什麼？

縱欲對縱欲者是一個訊號，告訴他在那個時候他是無力的，因此想要吸食一個更弱的靈魂，**想要掠奪一個比我們更破碎的靈魂：這就是一切上癮背後的動力**。這一點不用實際體驗，光是看到就覺得醜陋；但這就是我們這個物種之所以有缺陷的核心。

有性而沒有敬意，就好比從商、從政沒有敬意，做任何事也沒有敬意一樣，都是一個靈魂在掠奪另一個比他更弱的靈魂。所以，要掙脫縱欲，方法就在於受到吸引的時候，提醒自己：因為在那一刻自己是軟弱無力的，因此想吸食比自己更弱的靈魂。

換句話說，當你感覺自己受到別人性的吸引時，就要考慮到自己是處於一種無力狀態，因此想利用他人讓自己浮起來。這種欲望很像性的吸引，但是你要提醒自己，此時你的內在是什麼東西點燃了起來。這並不是說，此時你不會在生理上感到一種吸引、一種關聯，而是說，在這一切之下，使你想要有所行動的，其實是另外一種動力，一種「無力感」的動力。

你要讓這種意識深深滲入你的內在；這樣，當你想隨著自己的上癮任性而為的時候，你就必須先通過自己的現實面。

這句話怎麼說？

如果你已婚，或者擁有一對一的關係，此時你要提醒自己，隨著衝動任性而為，可能會（或者絕對會）以婚姻或關係作為代價。你要問問自己這樣做是否值得。如果你一向身體健康，你要提醒自己，任性而為可能會以你的健康作為代價，因為你不知道你選擇的伴侶是否有愛滋病等。你要問自己是否值得冒險。

你要提醒自己，最吸引你的那個伴侶同樣也受到別人的吸引，所以他（她）對你的感情不會超過你對他（她）的感情。你可以肯定一點，那就是，你對這個人感覺到的性的吸引，可以說正是你這個「弱者偵測系統」產生的訊號。你一直在用這個系統掃瞄身邊的人。這個系統一旦偵測到一個比你弱、會受你感動、受你誘惑的人，就會在你內在開啟「性吸引」這種經驗。但是，你要問自己，你願意用壓榨別人的弱點來增進自己的男子氣概（或女人味）嗎？這樣做能夠使你得到自己想得到的東西嗎？

你要提醒自己，你和你的伴侶在性方面的互動不會點燃你的感情；因為，如果你的感情甦醒了，只會讓你知道，吸引你的這個人對你的感情不會超過你對他（她）的感情。想到自己在性方面和別人交往，卻對他（她）毫無感覺是一回事，想到你的伴侶對你毫無感覺，又是另外一回事。

你要仔細觀察自己涉身其中的動力。你會發現，一個靈魂如果企圖掠奪另一個比較弱的靈魂，而這個弱靈魂又有反應的話，他們兩個都會變成弱靈魂。所以，到底誰在掠奪誰？這一點，五官人格以他的邏輯是掌握不到的。但是，我們的心，以他的高等邏輯，卻看得很清楚。如果兩個人都有相同的殘缺，那麼這兩個人的意識結合成的動力，最後達成的平衡會不殘缺嗎？一個人想主宰他人，和一個人想順服他人，原因是一樣的。兩者進行的鬥爭一樣，差別只在靈魂選擇的角色。

因此，你要努力進入自己的恐懼，進入自己想要喝酒、想要和第三者性交的欲望當中。你要嚴格地檢查自己一生中所有因為這種欲望而自認有所得的時刻，嚴格地面對自己認為得到的東西。你要掌握自己用來製造經驗的那些意念。你知道自己的一部分製造了它想要的實在界，也不管你要不要；你感覺自己無力抗拒。你的恐懼就是這樣來的。

但是事實上，你並非無力抗拒。你的上癮並不比你強——這點非常重要，你必須了解。你的上癮沒有你想要成為的那種人強。你以為它比你強，但是，只有你讓它，它才會贏你。上癮和人所有的弱點一樣，都沒有靈魂或意志力強。它的力量，顯示的只是你必須回應多大的力量，才能夠轉變，才能夠使你生命的那一個部分恢復完整。

當你因為受到誘惑而恐懼，擔心自己無法抗拒誘惑而恐懼時，你就必須認清楚，這時的你正在製造一種狀況，讓你自己的行為不負責。我們有可能無法通過自己所製造的考驗嗎？是的，是可能的。想要接受誘惑，以便考驗自己，這就是在為自己製造行為不負責的機會，製造對自己說「反正我知道就是做不到」的機會，然後再次陷入上癮中。

製造自己無法抗拒的誘惑，其中的核心就是你不想為自己的選擇負責。

你的靈魂越是想矯治你的上癮，你保留上癮的代價就越大。假設你——你的靈魂，現在決定要矯治你的某種上癮，你會發現你那保留上癮的決定將以你最執著的事物為代價。如果你最執著的是你的妻子（或先生），你因為上癮而支付的，就是你的婚姻。如果是職業，你支付的就是職業。

這並非什麼「天地不仁」或「邪惡的上帝」的作法。這是因為你想矯治上癮，想恢復完整，而對你所做的**慈悲的回應**。這是慈悲的宇宙在對你說，因為你的殘缺是這樣的殘缺，所以，唯一能夠矯正你的，就是等值、甚至於較高值的和你的殘缺相反的東西。

第二運動定律用「時間」、「空間」、「質量」表達的，就是這種動力。第二運動定律說：「一運動物體動量（質量、方向、速度）的改變，與作用於此運動物體的外力成正比，且與此外力作用的方向一致。」你為上癮所付的代價，會讓你衡量矯治上癮對你的靈魂有多重要，你矯治上癮的意圖有多強。

你要盡可能了解，真正的了解：你和一種不同的生活之間，存在的是負責任的選擇。你有所恐懼的時候，你的思考曖昧不明之處，就在於你的選擇到底力量有多強、幅度有多大。你要認清自己的選擇力量有多大。你不會永遠任自己的殘缺擺佈你。

你的意圖如果能夠賦予你力量，那是因為你的意圖來自於你內在的一個地方，這個地方讓你知道你能夠做出負責任的選擇，並且從這樣的選擇獲得力量。這個地方讓你知道你所做的選擇能夠賦予你力量，而非奪去你的力量；讓你知道你有辦法採取完整的行動。你可以考驗你的選擇具備的力量；因為，你每次做出與上癮相反的選擇，你就削減了上癮的力量，增加了自己的力量。

面對自己的弱點，感受到各種上癮吸引力的時候，你要問問自己一些精神面的重要問題：順應這些衝動去做，會不會提昇自己啟蒙的境界？會不會給自己真正的力量？會不會使自己充滿愛？會不會使自己比較完整？你要問自己這些問題。

一步一步地走過自己的實在界，這就是掙脫上癮的方法。你要先覺察自己的決定可能產生的後果，然後才來選擇。只要你感覺到性、酒、藥物等事物的吸引力，就要謹記下面這一句話：**你是站在你的殘缺我和完整我之間**。你的殘缺我因為不負責任、沒有愛、沒有紀律，所以力量很強，一直在誘惑你，呼喚你。另外的一個你卻很完整，有責任感，很體貼，很強。但是他要求的，卻是悟者之道：自覺的生命。這邊是「自覺的」生命，而另一邊卻是很有誘惑力的。但只要你選擇另一邊，都是在不自覺地縱容自己毫無意識的待人處事。

那你要選擇的是哪一邊？

如果你決定要維持自己的完整，那就堅持下去。這樣，你事實上就沒有自己以為的那麼驚懼，那麼受到誘惑。你要非常堅持，然後再三提醒自己：你是站在殘缺我和完整我之間。因為力量現在完全掌握在你的手裡，所以你要用智慧來做決定。切莫低估意識的力量，如果你生活中每一天每一刻的決定都是有自覺的，你就會充滿力量。你的殘缺我也會日漸解體。只要你選擇的是強化自己，你挑戰的那一部分，你挑戰的誘惑就會一再浮現。每次你向它挑戰，你就獲得力量，它就失去力量。

假設，你要向自己酗酒的上癮挑戰好了。這天你有十二次想喝酒，於是你向這股能量挑戰。如果你把每次想喝酒都當作挫折，認為自己的意圖沒有用，你就是選擇了透過恐懼和懷疑來學習。但如果你把每次想喝酒都當作對你的意圖而起的回應，當作一次消除殘缺、得到力量克服殘缺的機會，那麼你選擇的就是透過智慧來學習。

第一次向自己的上癮挑戰，乃至於第二次、第三次，你可能都會覺得毫無收穫。但是，你覺得真實的力量有那麼容易得到嗎？所以你要堅持自己的意圖，每次都選擇要恢復完整，這樣，你的力量就會一直累積，你一直以為難以挑戰的上癮也會開始失去力量，再也不能影響你。

當你開始向上癮挑戰、開始要恢復完整時，你就和自己的無形體動力互相結合了。事情是要由你來做，但是你卻隨時能夠得到協助。在無形體的世界，你的引導和導師的所作所為有許多方式能觸及你，例如透過意念帶給你力量、想起某些事情、意外的驚喜等都是。每當靈魂解除了重大惡業、意識升高為高頻光時，無形體界就一片歡欣。所以，請不要為孤獨所苦。事實上，也並沒有孤獨這一回事。

你要把自己當作有病要治療的人看待，正視自己需要治療的種種問題。千萬不要認為只有你才有這些問題，別人沒有。**人類所有的經驗都是在走向完整之旅**。因此，你大可看著每一個人，向自己保證說他們都有殘缺，都在過程當中。假若他們是完整的，他們早就不存在於我們這個行星上了。

所以，換句話說，我們有幾十億個靈魂與我們相伴。只要你曾經努力過，你就要花點時間欣賞一下自己已經完成的事情。不要老是看眼前還要走多遠。你要和自己的引導和導師一起為自己完成的事情鼓掌叫好。這並不是說你要故態復萌、恢復舊習，而是說，必要時你就應該休息。你應該知道自己累了，應該賞賜自己，告訴自己說，即使是最厲害的人都會累。

了解上癮背後的動力是一回事，釐清其中感情的關聯，以解除自己對上癮的需要，卻是另外一回事。上癮並非不可克服，並非是完全壓倒性的。如果在你看來上癮一直是不可克服，那是因為，雖然你了解自己為什麼受到上癮的吸引，但是心裡深處卻一直認為自己沒有辦法去除。所以，如果你的癮頭徘徊不去，你就要問問自己是否真的想除掉上癮；因為此時你的心裡根本不想。

除非填補了自己內在的殘缺，否則你永遠都會有上癮。要除掉上癮，必須進入自己的殘缺處，認清自己的殘缺是真實的，然後將這種殘缺帶到意識的光底下接受治療。你必須盡可能地誠實，深刻地看清自己內在那些影響你的部分，看清這些東西是如何深藏在你的內在。你的上癮給你的，有可能是你少數幾種真正的快樂之一。

然而，對你而言，從上癮所得到的快樂，和你的完整、你的自由，到底哪一種比較重要？

你一旦了解自己的上癮是殘缺造成的，你的問題就變成：要對自己的殘缺作何反應：是再去喝一杯酒、再出去尋找性對象呢？還是向內追尋讓自己完整的東西？你要弄清楚你的上癮力量有多強，你受它的吸引有多深，然後問自己，現在是不是除掉這種學習方式的恰當時機。這個問題必須由你自己問，自己答。

你可能也聽到了你的無形體導師的指引，感覺到他指引了你一條智慧較高的路，但是同時也知道自己還沒有準備走這一條路。你可能認為現在還不是時候，你還不夠強，無法按照那種方式生活。這樣，你或許不得不正視自己這一點。

不論如何，你最後總會走上高智慧的路。但是，如果你想延遲一天、一個星期，甚至於七輩子，那也夠了。你的導師看事物的觀點是不包括時間的。你需要很深的智慧才會知道你最後終會走上意識之路。如果你知道自己最後終會走上這條路，你還等什麼？

但是，有時候當你其餘的部分還在為這一趟旅程準備的時候，等待卻是有智慧的。此時決定等待並不丟臉。

宇宙是不裁判什麼事的，最後你一定會得到真實的力量。你最終會了解寬恕的力量，謙卑、清明、愛的力量。你將進化，超越人的經驗，超越地球學校，超越時間、空間、物質的學習環境。**你不能不進化**。宇宙的一切都在進化。唯一的問題是，你進化的時候決定用什麼方法學習。這永遠都是你的決定，每次的決定其中都有智慧。

你「回家」，放下人格和身體，也就放下了自己的殘缺，放下了自己的恐懼、忿恨、嫉妒。這些東西不會、也無法存在於靈性領域。這些東西都是屬於人格的經驗、屬於時間物質的經驗。你將從此恢復完整。你會用愛的眼光和慈悲的理解以知覺生活的經驗，包括那些似乎亟欲控制你的經驗。你會看到你的生活經驗的目的。你會重溫自己學習到的事物，然後將這些事物帶到下一輩子去。

所以，如果你選擇的是不去除上癮，那麼你就是決定要讓自己體驗惡業。你決定要有所「造」卻不慈悲。你決定要毫不自覺。你決定要透過不自覺的意圖製造的經驗來學習。你決定要透過恐懼和懷疑來學習，因為你害怕自己的上癮，你懷疑自己的力量是否足以向上癮挑戰。

但是，如果你決定向自己的上癮挑戰，決定自覺地走向完整，你就是決定透過智慧來學習。你決定自覺地創造自己的經驗，將自己人格的知覺與能量和你的靈魂結合在一起。你決定在形體界創造你的靈魂亟思創造的實在界。你決定讓你的靈魂透過你來行動。你決定讓「神」塑造你的世界。

和自己的上癮對抗的時候，你是在直接治療自己的靈魂。你直接處理自己生命的事務，這是我們必須完成的工作。面對自己最深刻的掙扎，就是在追尋自己最高的目標。你將自己最深沉的惡業放在光底下治療、解除，就是讓自己靈魂的能量迎接進入實體界的經驗，塑造實體界的經驗，毫無阻礙地完成他在地球上的任務。

這就是演化的工作，你生來就要完成的工作。

★欲應用本章節所學與深化自身的經驗，請參看〈學習指南〉第十章。

11 關係

有些成長的動力只有在「承諾」的動力裡才能找到。沒有承諾，就不懂得除了自己之外，還要關心別人，就不懂得別的靈魂的力量和清明即使妨害到你人格的欲求，你還是要重視這種力量與清明的增長。你如果能放棄自己人格的欲求，容納別人的成長，鼓勵別人的成長，就會和他的靈魂相融並濟。沒有承諾，你就不會懂得要像自己的靈魂，像美好而強大的「光靈」（spirits of light）那樣去看待別人。

我們這個物種已經開始出現「靈性的伴侶」，也就是兩個平等的人共同追求靈性成長的原型。這種原型和「婚姻」不一樣：「婚姻」原型是用來幫助肉體的生存，其中的合作伴侶不一定互相平等對待。一旦進入婚姻裡，每個人肉體生存的能力就隨著提高，比起他們在個別行動的時候較能夠找到火、住所、食物、水，在婚姻中，他們也較能夠保護自己。「婚姻」這個原型反映的是人將力量視為外在的知覺。

而「靈性伴侶」這種原型反映的是多官人邁向真實力量的意識之旅。靈性伴侶都知道靈魂的存在，也自覺地促進靈魂的進化。他們知道時間和物質的世界有無形體的動力在產生作用。在他們看來，物質是最密或最重的光；共有這個學習領域的靈魂就一直在塑造並改造這種光。他們自覺地共同創造彼此的經驗，創造他們和這個鍾愛生命的地球的經驗，也創造他們和慈悲的宇宙的經驗。

社群、國家、文化……我們所有一切集體的創造，都建立在五官人格的知覺和價值觀上。「婚姻」原型就反映了這種價值觀。社群、國家、文化是用來維護我們的物種肉身的生存，反映的是我們這個物種決定透過恐懼和懷疑來學習。五官人格決定透過恐懼和懷疑來學習，我們的世界完全是用這種人格的能量建立的。國與國，種族與種族，兩性之間等，皆彼此恐懼。形體界（外在力量）的探索本來可以以一種和地球合作、欣賞地球的精神來完成，但是身為一個物種，我們選擇的卻是用主宰和壓榨來探索地球。這就是恐懼與懷疑的學習之道——我們恐懼形體環境，懷疑自己是否與自然契合。

我們的世界反映了我們「沒有來生」的基本意念，反映了我們「這一生，唯有所得和所有才能確保力量」的基本意念。我們有時也會說到一些關於來生的事，但我們其實並不相信離開地球以後，還要為自己在地球上所做的事情負責，否則我們做的事就會不一樣了。

我們這個物種不再謙卑，對人對事缺乏敬意，傲慢，渾身塞滿了自己的技術。我們用假象誘惑自己，說自己可以控制一切，結果製造了一大堆亂象，又不肯承認無法控制一切。我們取之於地球，取之於別人，我們破壞森林、海洋和大氣。我們互相支使、虐待、打擊、侮辱、謀殺。

但是，如果「靈性伴侶」（平等的個人共同追求靈性的成長）這種原型開始在人的社群出現，它所創造的知覺與價值觀就會反映出多官人格的知覺與價值觀。有些個人因靈性伴侶關係而結合，然後藉由「婚姻」這種習俗表達這樣的結合。這樣的人會把「靈性伴侶」的能量注入婚姻中，從而在婚姻裡面創造新的價值觀與行為。同理，在組織、城市、國家、種族、兩性上建立靈性伴侶關係的個人，也會在這種社群的集體意識裡注入靈性伴侶的能量，從而在這些社群當中創造新的價值觀與行為。

發生在「個人」這個層次上的進化過程，和每一種個人互動的層次所發生的進化過程是一樣的。個人如果發動了「靈性伴侶」原型的能量，不但會影響與他建立伴侶關係的另一個人，也會影響到社群、國家、地球村。只要你決定藉由負責任的選擇而進化，你就不只對自己的進化提供了幫助，還對你參與的每個屬於人的層面的進化都提供了幫助。透過你的決定，不但你進化，整個人類都跟著你進化了。

所以，如果你希望這個世界變得慈悲、有愛，你自己就要開始慈悲、有愛。想消除世人的恐懼，要先消除自己的恐懼，這些都是你能夠給予他人的禮物。國與國之間的恐懼，就是個人與個人之間恐懼的放大。將力量視為外在的知覺畫分了國家，也隔絕了個人。個人決定與靈魂結合，因而從心裡產生愛、清明、慈悲，這種愛、清明、慈悲同樣也能使兩性、種族、國家、鄰里和諧相處。每個人都要為自己的生命負責；這種原理遍及整個大宇宙。

譬如，「核子毀滅」這種危害，乃是地球上全面存在的觀念或概念。然而，要讓這種概念消失，卻需要個人的完全進化。有許多人一起努力促進國與國之間的和諧，但是只要他們自己心裡還存有忿恨與暴戾，就不可能創造全面性的和諧。個人有的，全體就有；因此，**每個靈魂最後都要為全世界負責**。

一旦你和另一個人建立起靈性伴侶的關係，就會把靈性伴侶這種原型的能量帶進形體界，你開始形成一些價值觀、知覺、行為，反映出你與伴侶的平等，也反映出你對自己和他（她）的靈性發展的承擔。為了容納你的伴侶靈性發展的需要，你開始將自己人格的欲求擺到一邊，因此你自己也成長了。靈性伴侶這種關係就是這樣運行的。

因為這樣，你開始明白對你們伴侶關係的健全所必須具備的東西，那就是讓你的靈性成長所必須具備的東西。你們兩方各有對方缺乏的東西，假設你嫉妒心很強，你會發現這份嫉妒心引出你伴侶需要治療的一面，而這一面也反映出你的內在。因為了解這點，所以你開始重視伴侶對你們發展的貢獻，你開始了解他（她）的知覺與觀察對你們的成長是有幫助的，甚至根本就是關鍵；你們的談話開始激盪起深處的水花。

你開始懂得愛、承諾和信任在你們的關係上扮演了推動的角色。你開始懂得，光是有愛而沒有信任，仍然無法給予和獲得彼此的愛。你開始懂得你的承諾必須轉化成一種足以滿足兩人需求的形式。你開始懂得一體看重兩人的需求；因為你們意欲建立的那種伴侶關係，需要你們兩個都很健全，內心都有安全感。

你不但開始信任對方，也開始信任你們共同成長的能力。你開始知道，當你害怕某些事會毀掉你們的關係，而你越是逃避，就越會危害到你們的伴侶關係。要表達自己內在的東西一向不容易，而如果這些東西使你感到脆弱、痛苦、忿恨、惱怒，就更是不容易。這些情緒都會強化你的語言，一旦說出口，不是造成傷害，就是治療了很多東西。

你開始懂得唯一正確的大道，就是與對方具有相同的關懷，相同的治療殘缺的意圖，並且在過程中互相信任。摒棄恐懼，以勇氣對待自己的需要，將在你們心中點燃信任感。真正人性的狀態臻至完美時，是毫無祕密的，無所隱藏，卻存在於清明的愛之中。

你開始懂得彼此不要漫不經心，做些愚蠢的事。你開始懂得光是想要一些東西是不夠的，你必須內心深處很想要，而且要每天去創造。你必須用你的意圖使它存在，又維繫它的存在。你的每一種意識越光亮，你們的伴侶關係就越豐富。

你開始懂得站在別人立場考慮事物的價值。先做別人，真正走進別人的恐懼，然後再回到自身，你展開的是一段超越個人的對話，治療非個人的殘缺。這點讓你通過彼此需要治療的部位時，看到對方是你的靈性伴侶。面對種種不安的感情，即使是最艱難的時刻，你都可以面向光明，都可以提醒自己說，自己是採取肉身經驗的神，你原本的力量比那脆弱的一刻你所表現的力量強多了。

個人和個人靈性需要學習的課題，就是團體、社群、國家和別的團體、社群、國家靈性結盟時必須學習的課題。每件事、每次的選擇，都是在選擇要透過恐懼和懷疑學習，或者要透過智慧學習；都是在選擇人格的低頻能量或靈魂的高頻能量。一個人對另一個人的忿恨會製造距離，破壞原有的親近感，造成防衛心，而一國、一種宗教、一種性別對他國、他種宗教、另一性別的忿恨亦然。一個人對一個人的關懷會產生親近、欣賞和互相尊重，而一國、一種宗教、一個社群對他國、他種宗教、另一個社群的關懷亦然。其中的動力都一樣。

你和這個行星及其他行星上的各種生命都有關聯。隨著你靈魂的進化，你就越來越能覺察這種關聯的本質，越能覺察自己所負的責任。

我們這個物種具有種種靈魂意識，程度不一。責任的進化，意義在於每個人都是透過各種層次的責任走向完整。換句話說，靈魂一旦選擇某種責任作為課題，他會發現自己已經化身進入一種對人類更具衝擊力的氛圍裡。但是，靈魂的選擇，人格也必須同意才行。否則，如果你不夠自覺，你就無法置身於一種足以衝擊很多人的地位，也無法保護你自己的靈魂。

譬如說，一個靈魂剛開始接觸人的經驗，剛開始從動物界進化到人類，剛開始展開人類進化之旅（雖然這個階段的靈魂很少），他會從某個頻率範圍開始，然後，為了保護自己的靈魂，他的化身會進入範圍較狹窄的人類生活。譬如，他可能會生在一個較為偏僻的地方，讓自己緩慢地熟悉人的形體經驗。等到他比較適應人的感官系統、人的智力、靈魂與身體能量的關係，以及我們對人身持有的期待以後，他就比較有能力進入、化身到負擔責任的活動中心。所謂活動的中心，指的不是城市或大學這種場所，而是業力活動的中心。

換句話說，一個人如果活在偏僻地區，不但誘惑較少，善惡之分也較清楚。這種地方不但誘惑少，他所置身的業力中心也和家庭、社群、國家這種活動領域形成的中心不一樣。靈魂活動的中心，指的是他的業力和能量的影響力能擴張的程度。隨著業力能量影響力的擴張而產生的種種可能性，靈魂必須更為進化，才有辦法去處理。所謂「責任地進化」，意義就在於此。

靈魂如果自覺地加入容納面比較廣的互動，他推動的就不只是自己的轉變，還包括他所加入的那些集體的轉變。我們的意識可以用自然光來推想。凡是光，就能夠照明，但是亮的光照的範圍比較大，暗的光照的範圍就比較小。你的光的照明範圍由你業力影響所及的長、寬、深來決定，如果你是一盞大燈，你就照亮全世界，如果你即將變成大燈，但目前仍是較小的燈，你照亮的範圍就是你的業力必須負責的範圍，但是你轉變自己意識和他人意識的潛力，卻是和大燈一樣大。

靈魂的可能性和或然率裡存在著很多機會，其中包括靈魂可能會選擇，比如說，最遙遠的成長之路，而不選擇對他的能量而言最自然的路。在他私下所做精神面的選擇裡，如果他的信心和勇氣已經有了高度發展，對自己的人生也有極好的感受，他可能就會打開這樣的一條路，使得覺察力更強，業力的影響力更大，責任也更大。如若不然，這種可能性就只會以極小的或然率存在於靈魂的該次化身裡，這條路只有在某種條件下，也就是若甲事發生，乙事同時也發生時，才會打開。也就是說，事情可能變成某個樣子，靈魂才會發現通向這條道路的途徑。

每個「小意識」，或說每個人的靈魂，都會依照自己光的性質，依照意識的頻率而影響「大意識」。一個靈魂如果願意化身為極有潛力、足以影響很多人的一生，那麼這個靈魂是很偉大的。這樣的靈魂化身，力量是普世的，他確確實實有能力感動百萬人，甚至於幾十億人。相對地，如果他提昇人性的任務失敗了，他積欠的業力債務也是一樣巨大。他必須背負起幾十億人業力的責任。

我們這個行星中所有偉大靈魂就和所有靈魂一樣，時時刻刻都必須有所抉擇。我們這個地球上，有很多靈魂身居要位，掌握了千百人、千萬人，甚至於幾十億人的生死。可是當你仰望這些靈魂，請你把他們和他們的人格區分清楚。因為，靈魂即使能影響幾十億人，甚至於全人類的生活，他的人格還是經常會受到誘惑。

耶穌這個人格曾經遭遇撒旦原理，也就是我們這個物種的「挑戰原理」；他曾經有機會主宰全世界，滿足自己想像力所及的一切事物。他心動了沒有？有，他心動了。如若不然，他的抉擇就沒有什麼力量。如果他選擇的光榮之路沒有力量和誘惑抗衡，他如何能從這個選擇中獲得力量？如果你所做的選擇不會使你緊張，你就無法獲得真實的力量。

唯有靈魂選擇垂直之路，自覺地透過負責任的選擇而進化，才能解除自己的惡業。他要的是真實的力量。可以說，他承認了自己的惡業，承擔了他的人格所有分裂部分不自覺的意圖。人格一旦變為自覺，進化成多官人格，恢復了完整，他意識的頻率就跟著增加了。他變成了整體，惡業落下，意識變為光明。他開始能用靈魂的智慧，慈悲而睿智地看待自己和他人。

靈魂一旦自覺地參與容納面較廣的互動，那麼，在家庭、團體、社群、國家惡業的解除方面，他就有能力直接參與。當然，這時他也要冒著被惡業污染的危險。換句話說，靈魂如果想將高等意識帶到容納面比較廣的人類互動裡，他就有被那個層面的恐懼、忿恨、自私污染的危險。

如甘地等偉大的靈魂，都有遭受高等污染的危險。在靈魂接觸的層面，偉大的靈魂不但要處理自身恐懼、他個人的恐懼，還要承擔我們這個物種集體恐懼的進化。這種事情的重擔在於，偉大的靈魂會在偉大層次上冒著受到污染的危險，然而他卻有一種可能性，能夠解除我們這個物種集體的恐懼。

偉大靈魂的意識是大意識的象徵。大意識的價值觀、恐懼、罪咎都一樣。這個大意識可能是美國的集體意識，蘇聯的集體意識，也可能是衣索匹亞的集體意識。組成這種集體意識的諸多靈魂一直在和他們的集體意識對話。偉大的靈魂就是承擔了變革的任務，只要他能超越恐懼，依恃勇氣而行動，他們那個團體就會因他而受益；團體中的每個人雖然不知道怎麼回事，不知道為什麼，也會突然變得勇敢起來。

但是，並非所有靈魂都完成了他們承擔的任務。有些人在我們這個行星位居要職，你卻能夠看得出來他們的選擇是否完成了提昇人類的任務。他們就好像衣架模特兒，選擇的是和五官人垂死的意識結合；這種垂死的意識存在於每個國家的集體意識已久。換句話說，他們選擇的是代理一個已經開始解體的系統。因此，他們自己的系統也開始在他們眼前崩潰。所以，他們的同志很腐敗，他們的政府也很腐敗。

這些靈魂代表的是一種不再有效的力量，但他們卻不了解這點。他們吸引來的都只是依據信仰，在意識上象徵性的結合而已。他們以恐懼與自私這種變動不居的模式處世，他們表現的能量偏執狂熱，所以，他們吸引到自己身邊、政府、軍隊的人也是很偏執，充滿了毀滅生命的衝動，好像毀滅生命就能夠拯救地球一樣。他們這些靈魂透過所做的選擇，拒絕承認舊式的力量（將力量視為外在的知覺），在這個地球上已經不再受到容忍。然而，從外在力量發展到內部力量的進化，如今已經在全面進行。因此，他們的決定充其量只是影響到這種轉變如何發生而已。他們選擇的是恐懼與懷疑之路，也是創傷與痛苦之路。

至於偉大的靈魂，採取的是開放、成長、互相扶持；為自己，也為他的集體而超越恐懼。

那麼，兩者差別何在？兩者的差別在於，開放的靈魂有一種充沛的勇氣、識見與智慧。而不開放的靈魂，則會在集體恐懼的衝擊之下日漸孱弱，一選再選，惡業加上惡業，於是製造了一個希特勒。然而，身為希特勒的靈魂，這個靈魂其實也有極大的潛力。

凡願意把自己獲得的愛、慈悲、智慧，自覺地帶進人類某一互動層次的靈魂，都是在運用自身能量向他那個集體的恐懼挑戰，這種原型模式是導師耶穌在我們這個物種身上建立的。他以他的方式走過一生，他就是這個原型的象徵。他把一直累積到他當時集體潛意識裡的惡業消除。每個偉大的靈魂都具有這種模式：懷有改變全體的意識，透過這種意識的力量承擔起全體。

靈魂追尋真正的力量，然後自覺地把力量帶進他和其他靈魂共有的互動層次上，這時的他就進入了意識的動力。他把「真實力量」這種意識帶進了集體能量的系統裡面，用這種力學發動了集體的轉變。

所以，當你朝向真實力量進化的時候，影響的不只是你自己。由於你意識的頻率升高了，由於你的意識反映出來的是真實力量的清明、謙卑、寬恕、愛，你感動周遭的人就越來越多。你受到的誘惑越大，就越有能力做出負責任的決定。你負責任的決定增強了你的光和力量，你越光明，你的世界就越光明。

★欲應用本章節所學與深化自身的經驗，請參看〈學習指南〉第十一章。

12 靈魂

每個人都有靈魂。每個人的靈性之旅，即是人之所以異於禽獸、草木、金石的所在。只有人才擁有個人靈性。就是因為這樣，人的創造力才這麼強大。

靈魂通過各種程度的覺察力一直在進化。譬如，動物沒有個體的靈魂，牠們有的是集體靈魂。每隻動物都是集體靈魂的一部分，每匹馬都是馬的集體靈魂的一部分，每隻貓都是貓的集體靈魂的一部分；依此類推。集體靈魂和個體靈魂不一樣。

試想水牛的集體靈魂。這是一股由巨大的非人格能量所構成的集體靈魂，這股範圍極廣的非人格能量，是為水牛意識。水牛意識存在於純粹的能量動態裡，不在於個別的我性（selfhood）裡。這股能量一直在運作，頻率升高時，就湧入下個層次，但也會吸收低層的頻率。這個靈魂就這樣持續運作著，這就是集體靈魂，不是個體靈魂。水牛的全體靈魂裡沒有個別的水牛靈魂，其中只有一個靈魂的能量系統，這個系統裡沒有任何個體性。本能行為即是集體靈魂之道。

我們且試想一種類似密西西比河的運動。你從河口往上游走，河道越來越小，越來越小，最後抵達一個力點。河口就好比集體靈魂，河口的大小、河口的集體本質，就是集體靈魂。這就是屬於金石、草木、禽獸等集體靈魂的本質。換句話說，「貓」就是貓靈魂，「海豚」就是海豚靈魂，依此類推。

動物界有種種智力與覺察力的等級，譬如海豚、馬、狗的波長都不一樣：海豚的意識很接近猩猩的意識，次之，則接近狗的意識，但是馬的意識卻比牠們的意識低了一層。人的靈魂可能就是透過動物界作為一股集體能量的進化，從動物靈魂產生的。

為什麼呢？

譬如，海豚靈魂是透過每一隻海豚進化而來。每隻海豚個別的進化都會促進海豚靈魂的進化，個別海豚的成就提昇了集體。人的領域也有這種機制在運作，人的集體靈魂——我們所謂的集體潛意識，會隨著每個人的發展而進化。就這樣，海豚物種，以及所有的物種，進化一直在繼續。

姑且說，狗靈魂的意識比海豚靈魂低百分之二十，智力比海豚低二十點。這樣的話，如果有一天，狗的集體靈魂產生了高等的光明意識，這種意識就會掙脫狗的集體意識，躍入且穿透海豚的意識。同理，人的靈魂也可能從海豚靈魂或猩猩靈魂的高等靈魂能量中展開進化，進入人的靈魂——這種過程事實上也已經發生了。

你和動物不同，你有自己個別的靈魂，你是一個個別的能量系統，是大中之小。身為「小」的一部分，你擁有從「大」所畫分出來某些能量的全部。至於動物，就不是大中之小。譬如貓，貓沒有個別靈魂，或說自我能量，貓只是龐大的一個大系統形體的顯現。有些貓膽小，有些貓自在，這種差異只是幾百萬種與貓集體靈魂互動頻率的差異而已。

動物不像人類會透過負責任的選擇而進化，動物意識的頻率，要在牠們的靈魂作為一個群體完全進化以後才會光明起來。但是，這並不是說，動物沒有能力展現個別的愛的行為，否則為了追求自己身上的人性而放棄生命的動物是怎麼回事？這種行為相當於為他人犧牲生命；因為這時動物很清楚是自己願意放棄生命。對動物而言，這就是學習人類經驗，或說，學習上個層次的學位。

集體靈魂的本質可以從集體靈魂的顯現看出來。譬如，海豚靈魂的本質可以從海豚身上看出來。人也一樣，人類靈魂可以從人類的本質看出來。

如今海豚靈魂已經逐漸要離開地球了，也就是說，海豚即將滅絕。牠們在海灘擱淺，在自己身上製造疾病，這是牠們不肯再住在地球的方法。牠們覺得再也無法完成生在地球上的目的，所以牠們要走了。牠們的死不是自殺，因為牠們並不害怕，牠們只是累了。海豚靈魂顯現出自己：在地球出生，為海洋帶來愛、生命與創造。牠們現身，為的是要在水中世界和人的世界間築起快樂、愛與智慧的橋梁，但是牠們做不到。我們人類只會粗魯地對待牠們。海豚靈魂——真是受苦了！

這是一個大悲傷的時代。是時候了，我們應該嚴肅而深入地檢討我們的價值觀與行為。我們這些價值觀與行為，都是將力量視為外在的知覺所產生的結果。我們應該為海豚靈魂感到悲傷，應該想辦法讓牠們自在舒坦。

想讓海豚靈魂自在舒坦，首先要將心比心，藉由海豚意識想像你的能量在深海溫暖而撫慰的海水中流動。感覺自己進入水中世界以後，開始對這些和我們共享行星家園的同伴放射意念。想像牠們一邊進化，離開地球學校，一邊你還在給予牠們愛。你為牠們感到悲傷，你知道牠們和你一樣重要。你要對牠們傳送這樣的意念，讓牠們知道雖然牠們要走了，但是我們人類了解為什麼。讓牠們聽到你說：「我了解。」

你能做到這件事嗎？如果你做到了，將使牠們的悲傷之旅充滿價值。

個體靈魂形成的途徑很多。我們地球村的進化之鏈中，有個部分即是界與界之間發展的過程。但是，一個靈魂如果選擇了人類經驗，但他以前沒有在地球待過，那麼他就不一定能在界與界之間進化，他會在形體環境中選取一種最適合自己的狀況。

有些靈魂從不曾有過人類的經驗。當我們說靈魂進入形體界接受治療，平衡能量，償還業力債務時，我們說的是地球上生命的進化，不是其他銀河系或其他無形體層次生命的進化。對某些發展而言，「形體」這種經驗並非必要，否則自然就會受到鼓勵。

有時候，形體經驗不再能夠提昇靈魂的覺察力，這時靈魂就會開始進入無形體的領域學習。譬如，靈魂此時可能決定要成為一名非無形體引導，藉由這種任務來學習。每個人的靈魂都是大中之小，這個大，即是人類（集體）靈魂。但是，人類靈魂並非另一個大中之小；換句話說，除了人類靈魂，已經沒有更大的人類精神靈魂了。越過人類靈魂之外，即是「導師」這種經驗，即是進入高等光。高等光不專屬於人。

我們的無形體導師都是從這種層次的光來的，所以用人格的動力來看他們並不恰當，用非人格意識來看他們比較恰當。非人格意識是他們本有的狀態，源自於人類思考無法了解的領域。譬如，他們就不會有我們人類這種分裂的人格。他們，這麼說吧——沒有陰暗面。

天使可有靈魂？天使就是自己的靈魂，圓滿的靈魂。

這就是完整與統一，以及有待完整與統一的差別。二元性只存在於某些層次，其他則無。二元性是一種學習的動力，二元性是自己的節奏、自己的張力，其他的學習與發展層次沒有這種東西。你存在於二元性中，你的無形體導師卻不是。

可以這麼說，這不是他的家。他是我們這個水平的導師。他很自由，不在我們這個水平之內，卻可以在這個水平之內教導我們。父母要設身處地成為嬰兒，才有辦法教導嬰兒，但是，你的無形體導師要教導你，卻不必成為我們這個水平，沒有必要。我們這個水平的進化是在父母之前進行的；因為進化的自然動力就是如此。

我們肯定是要超越二元性的。二元性要用時間與空間來理解。你進化而超越二元性以後，離開實體的身體而回歸無形體界以後，就不會再存在於二元性裡。你目前察覺到的那些忿恨、悲傷、恐懼的「我」，也將消失得無影無蹤。二元以外的領域存在的一切是如此圓滿，二元在這種領域毫無力量。你離開自己的形體後就進入無形體界，至於這個無形體界的層次，則很適合你離開化身當時的振動頻率。

那麼，高等的人類靈魂到哪裡去了？

作為這種「發達」而存在的生命有很多種，事實上，可能有幾百萬種。很多銀河都有生命，除了地球，充滿生命的行星還有幾百萬個，甚至於幾十億個。每一個行星都有某種層次的活意識，有些和人類很相近，有些比較遠，但是都具備我們所謂的意識。

其中有個領域，用西方的宗教語言來說，可以叫「天使國」（Angelic Kingdom）。這個範圍內，有許多以各種頻率和意識存在的存有，許多都在地球上引導著我們，與我們互動。這個領域確實也和其他的「力」互相平衡，然而，這點用人的想法是無法理解的。

這個領域，雖然也有一種用我們的話來說叫「和諧」、「完美」的知覺，但還是不斷在進化。天使，或許可以當作一種意識力來看待；這種意識力已經進化為所謂地球這個行星村的示範，但是仍然是別的銀河進化的一個部分，是那裡種種生命的一部分。

天使國，可以說是天使的家。存在於天使國這個振動帶之內、之上、之下的無形體生命所在的領域，就是天使的家。天使一直在進化，那個領域的其他人也一直在進化，我們承認為導師的那些意識，也一直在進化。地球上的宗教因他們而命名的那些人，就是這種導師。這種進化持續進行，不過其中有的卻是「完美」，而不是地球學校這種意識與物質融合的經驗。

業力法則是否適用於這些無形體的存有？

就「每個生命都要負責自己的能量」這個意義而言，業力法則是全面適用的。但是在無形體的向度上，業力卻無法以我們平常了解業力那樣的觀點來了解。我們的障礙，天使沒有。譬如說，天使能夠看到一些東西，我們卻看不到，這就是障礙。天使沒有我們這種障礙，也不會製造我們所製造的業力，他有某一層次的視覺和知識，使他不致發生某些行為；這全是因為他「知」（knowingness）的深度已經臻於「創造」等級的緣故。

由於天使還是有意志，所以業力法則於他還是成立。但是，相對於人類經驗的狹隘，天使的「裝備」比我們齊全許多。天使不懼死亡，天使沒有形體，有的只是「不朽」。天使與一切所是（all that is）同在。天使見到的是光，也活在光裡，所以他的實在界沒有替人製造業力的成分。天使雖然有意志，但是我們卻很難說他的意志會扭曲到錯誤的方向，或說惡道。就意義上而言，我們可以認為天使已經超越考驗的必要，也因此不再有業力。

天使的層次之外，還有其他的層次，譬如，有個層次就有一些神靈緊貼著實體性，存在於地球當下的四周。這些神靈不回歸高層我的旅程，只是緊依著地球，守著自己無形體的狀態。

讓我想像一種情況，那就是，你的人格、你的個性，還有你無形體自我的一部分，都想故步自封，不繼續進化。這種情形下，靈魂就沒有進行解除人格的過程，於是你的能量系統開始堵塞、燃燒。這種情形通常發生在靈魂不肯前進、釋放某個化身的時候。就某些例子而言，靈魂之所以執著於某個人格，是因為那個人格一生的事業很成功，或者力量極大。

進化過程的堵塞會產生一些現象，我們稱之為惡靈、魔鬼附身或幽靈。這些幽靈決定永留人世，置身於地球這個「金場」（auric field）之內。這些幽靈邪惡嗎？是的，他們很壞；但是「邪惡」卻是另一回事。他們鼓動人做壞事嗎？是的；但這是「吸引力」法則的一部分。他的能量之所以吸引我們，可以是因為能量的力量，也可以是因為「弱點」的關係。在這個領域內，這些幽靈由於一味地惡毒，所以製造了很多惡業。

因此，超越業力這回事是值得談論的，諸佛講的就是這些。他們提到人世的業力，說我們永遠都要在人世這個環境選擇學習之道，選擇學習之路。他們提到人世，提到人的經驗和經驗的形成，提到人的經驗總帶有自由意志，一直在信仰與懷疑、善與惡之間抉擇，在人為的種種可能性和二元對立之間抉擇。

他們一再提及這樣的業力。他們不提那些已經不存在的業力。那些業力，一旦你（身為一個靈魂）不再需要在二元世界學習，就消失了。所以，天使雖然有業力，卻沒有如我們想像的那樣累積業力，他們的空間沒有這種東西。我們所了解的業力法則不是靈性的法則，而是有形的物質兼靈性的法則。

無形體的領域，很多都不是天使國。譬如，除了無形體緊依人間的領域之外，自然界就有一些戴維克界（Devic community）。這些宇宙有很多很多無形體生命的世界。有天使國，天使國之外還有很多世界，這些世界之外又有很多世界。這些智慧的世界，或許就是我們所稱「上帝」的所在。

天使之外，即使是人類，靈魂的意識也有程度上的差別。這個世界並非人人都能覺察到自己靈魂的存在。那麼，這樣說來，人的潛力是不是每個人都一樣呢？

答案既是也不是。這個問題很複雜，沒那麼容易回答。有些靈魂，譬如地球學校的靈魂，縱然頻寬相同，意識所在的領域卻不一樣。就我們平常所說的「平等」而言，一個人的覺察力如果未曾擴展，他和有覺察力的人就是不平等。不過這裡面有的其實只是一種「不等」，但不是永遠不平等的不等，只是進化流程裡一時的向量而已。

靈魂無始無終，不過有老有少。每個靈魂皆直接源自神性，但是一個個靈魂卻不是由單獨的某個什麼「道」所形成的，所以一旦你抱著「有始」的觀念，用這種觀念來思考靈魂，就很難了解靈魂。

「一切所是」可以化為點滴的意識。由於你是一切的一部分，所以事實上，你一直存在，只是有時形成你這一股能量而已。假設海洋就是上帝，海洋本來就一直存在。現在你用杯子舀起一杯水，此刻這杯水變成了個別的水，但這杯水仍然一直存在著，不是嗎？你的靈魂就是這樣。有時你變成了一杯能量，但是這杯能量卻是屬於不朽的、原生的「存有」。

你之所以一直存在，因為你就是「一切所是」，而「一切所是」即是上帝，或說聖智；只是上帝將自己的力量降為個別意識這樣的小粒子，再化為個別的形體、點滴罷了。上帝這樣大幅降低力量，然而，那力量在點滴裡卻和全部一樣大。他在點滴裡一樣不朽，一樣創造，一樣彰顯，只是力量已經降低，適於這樣的小形體罷了。隨後這個小形體的力量、自性、自我意識都開始成長，越來越大，越來越像上帝，最後變成上帝。

這個過程和你的人格過程類似。人格屬於靈魂，先擴展成高層我，再進入靈魂之化身的全部力量當中。小形體成長為上帝的過程和你的人格與高層我離開地球，重新進入靈魂的整體都一樣。身為個別的靈魂，你永遠都是個別的靈魂。你既是個體，又與一切所是為一體。

靈魂是進化的單位。然而，這點對我們來說卻是新的知覺，因為身為一個物種，我們從來不曾覺察靈魂的存在。我們在宗教思想裡承認所謂靈魂的存在，可是到目前為止，我們從未當真。就日常的生活經驗而言，就人類生活所賴以構成的種種快樂、痛苦、悲傷、滿足而言，靈魂的存在有什麼意義，我們不曾認真思考。

我們從來不曾注意到靈魂的需要，從來不曾思考靈魂需要什麼東西才會健康。我們從不研究靈魂，沒想過幫助靈魂去獲得他在進化和健康上需要的東西。由於我們一直都是五官人，所以我們注意的一直都是身體和人格。我們為靈魂化身寄居的這個形體工具發展了廣博的知識，我們了解胺基酸、神經傳導素、染色體、酵素，卻不了解靈魂。我們不知道這些生理功能怎樣替靈魂做事，怎樣受靈魂的影響。

治療身體機能失常的時候，我們做的是在分子這個層次上控制身體的環境。換句話說，我們的醫療行為建立在「外在力量」這種知覺上。這種醫療行為對身體或許有幫助，但是卻無法、也不可能治療靈魂。試想，那些受這方面訓練的人早就習慣從死東西裡學習生命，為了學習生命，他們研究的是人和動物的屍體。但是，研究這種沒有靈性的事物，如何看得到靈性？

這樣的心靈即使面向天空注視星河，還是看不到生命；因為，他們早就認定整個星河是沒有生命的。因此，除非「生命存在於一切所有當中」，「一切萬物有的就是生命」的基本前提成為所謂的「科學原理」，否則其他星河的生命、其他星河的兄弟姐妹，都將隱匿難見，而且永遠隱匿難見。

「一切所有皆有生命」一旦成了科學原理，我們就會開始探索靈魂的物理學。如此一來，我們會用生命來研究生命，不會用死東西來研究生命，也因此我們不會在實驗室裡切開人體、生畜屍體，卻妄想在其中注入智力與目的。總有一天，我們會發現這種研究方法是很原始的，因為這裡面不講「意識」。

身體是靈魂的樂器。一個鋼琴手如果生病了，有辦法修理鋼琴嗎？樂器要彈奏出什麼音樂，不單要看是什麼樂器，也要看樂手的狀態如何。樂器再漂亮，音高再標準，如果樂手心情悲傷哀愁，一樣無法演奏出歡樂的曲調。樂手彈奏的是憂鬱，樂器就發出憂鬱的聲音；樂手彈奏的是歡樂的高歌，樂器也會發出歡樂的高歌。樂手如果內心悲傷、忿恨、哀愁，樂器就潰不成聲。壞掉的樂器有時可以修，但我們無法修復使樂器崩潰的那種心情。

我有個好友，她先生的個性很剛愎自用。經過多年婚姻，她覺得這層關係快讓她窒息了，因為她總是無法表現內心深處的欲望和創意。某個冬天早晨，她先生停在下坡車道的吉普車突然滑動，從她身上碾過，壓碎了她的骨盆腔。外科手術和藥品修復了她的臀部，為她的身體止痛，但如何能修補她的心靈創傷？

她（由骨盆腔、生殖力、女性創造力的生理象徵代表的創造力），已經被她先生（由吉普車代表的，不知節制的、蠻橫的男性力量）給壓碎了。一個受折磨的靈魂，藥品有辦法消除她的痛苦嗎？

因此，這不就是一個人患上心臟病的時刻？不就是一個人患上癌症的時刻？疾病當然和飲食、運動、生活方式或遺傳有關，但這些關聯無法掩蓋一個事實，那就是對某些人而言，生活就是心碎，某些人則在生活的痛苦中消磨，遭到生吞活剝。他們的病，靠引流手術或化學治療能痊癒嗎？

種種生理失調的發生，難道沒有意義？健康對某些人而言是心臟的問題，對某些人而言是消化或生命課題的問題，對某些人而言是腦的問題，對某些人而言是聽覺、視覺的問題，是生活過得有彈性，是自己站起來，是自己處理生活經驗的問題。要創造健康生活，這些課題都必須直接、坦然、誠實地去面對。

我並不是說，我們不需要照顧身體，生病不需要去看醫生。形體的東西雖然沒有無形體的東西來得真實，卻是靈性事物最低度、密度最高的投射，所以還是必須尊重。身體需要休息，需要照顧，但是**不論是健康或生病的身體狀態，都是靈魂能量的表現**。

人的種種生活經驗，真正的目的就是靈魂的健康。

一切事物的發展，都是為了這一點。

★欲應用本章節所學與深化自身的經驗，請參看〈學習指南〉第十二章。

第四部

力量

POWER

13 心理學

心理學的意思，是指靈魂的研究。不過，雖說是靈性事物的研究，事實上卻從來不是這麼回事。現代心理學研究的是認知、知覺、效應，是人格。

由於現代心理學是建立在五官人格的知覺上面，所以根本無法認識靈魂，無法了解人格背後價值觀、行為的動力。醫學想治療人的身體，卻沒有認識到身體的健康或疾病背後隱藏的靈魂能量。同理，心理學想治療人格，卻沒有想到人格的構造和經驗背後靈魂的力量，所以也無法治療靈魂的疾病。

要發展心和身、滋養心和身，必須了解人有心和身。要直接治療靈魂的疾病，首先必須認識到自己有靈魂。人既然有靈魂，那神話般充塞於你肋骨間的，是否還是一片空洞呢？當然不是。如果不是，那麼，你的靈魂就是真實的、有生命的，充滿了力量和存有。這樣的靈魂目的何在？

要發展健康而有紀律的心，要培養一種智力，面對種種任務皆可以全然擴展，光是認識心的存在還不夠。這時，除了認識心的存在，還要了解心是怎樣運作的，心有什麼欲望，什麼東西使它更強，什麼東西使它變弱，然後將這些知識實際應用出來。同理，光是認識靈魂的存在，同樣不足以幫助靈魂進化。要幫助靈魂進化，先要了解靈魂的氣質，了解他能容忍什麼，不能容忍什麼，什麼東西有益健康，什麼東西損害健康。這些都是必須檢視的事物。

要檢視這些事物，目前我們還沒發展出方法。對於靈魂，我們還沒有做到有規律、有系統的了解。我們不了解我們的行為和活動是怎樣影響靈魂。看到人格失調，我們不知道這表示靈魂出了什麼問題。然而，人格確實是靈魂縮小為形體以後的面貌。所以，不了解靈魂，就無法了解人格的失調。

要了解那些使人格變形的恐懼、憤怒、嫉妒等，如果忽略了這些情緒所服侍的業力環境，是無法理解的。但是，一旦真的了解到，生活的種種經驗都是平衡靈魂的能量所必需，你就可以不必在人格上對這些經驗作出反應，就不會再替自己的靈魂製造更多的惡業。

痛苦，只是痛苦而已。但是，如果了解「痛苦有一種很有價值的目的」，痛苦就成了苦難。苦難是有意義的，苦難可以忍受，因為其中自有它的道理。畢竟除了靈魂的進化，還有什麼事值得你受苦？

當然，這並不是說，你應該要當個烈士。你自覺地推動靈魂的進化，就是在盡己所能，貢獻給這個世界。了解這點，就知道自己對那些和自己共享學習經驗的人，在精神的發展和福祉上也有了貢獻。對自己不仁慈，就是對別人不仁慈；不在意自己，就是不在意別人。正因對自己慈悲，所以能對別人慈悲。

無法愛自己，就無法愛別人，也無法容忍別人被愛。如果無法仁慈地對待自己，當你看到別人受到仁慈的對待，就會不高興。沒有辦法愛自己，愛別人就成了一種痛苦的負擔，偶爾才能舒坦。換句話說，**愛別人或者對待自己的態度，雖是你自己的處方，但同時也是你開給別人的處方**。

以「烈士」態度去愛人的人，往往自認已經給了別人所有，他們認為這就是愛。事實上，他們給予的愛已經受到污染，因為那裡面充滿了為自己而發的悲傷。他們心裡發出的能量籠罩著罪惡感和無力感，所以別人雖然感覺到他們的情意，卻覺得很不舒服。那種感覺是其中充滿了需求，很濃稠，但這需求從來沒有明說，所以他們的愛給人感覺像水泥一樣，一直黏著你。

能夠對自己的所作所為仁慈，就知道能夠愛自己是怎麼回事。這樣，你就能夠看到別人多麼需要愛，需要仁慈；看到他們得到這些東西，也會感覺很美好——是真的感覺美妙，而非一種庇護的心情。這就是靈魂的能量，這就是靈魂的知覺。沒有慈悲心的時候，心裡愧疚、懊悔、忿恨、悲傷的時候，就是治療靈魂的機會。

這一類的經驗，和健康的靈魂到底有什麼關係？和不健康的靈魂又有什麼關係？健康的靈魂又是什麼？

要回答這些問題，需要一種靈性的心理學，一種新的、真正屬於靈性的精神學科，以人的靈魂為焦點的精神學科。人的進化，物質裡靈性的進化，是一種很特定的進化。人的進化並非毫無章法、渾沌一片，而是很特定的。物質與靈性結合的突變過程是必要的。

但是這種過程卻沒有受到尊重，所以靈性崩潰了。心理學家一直想用心理學名詞來解釋這種崩潰。這種名詞還是可以用，但是且讓心理學進一步擴展，把靈性的語言包括進來吧！這樣的語言日後終將成為心理學的第一語言。所有的瘋子，所有的精神疾病，到最後，終將納入正確的語言。這正確的語言就是「破碎的靈性」。

輪迴，還有業力在靈魂的發展當中所扮演的角色，將是靈性心理學主要的部分。人格的特質是業力造成的，不了解業力，就無法了解每個人人格的特質，無法了解他的人格之所以和別人不一樣的所在。光是從一個人的人格史，有時候無法了解那個人的特質。因為，有時候人格特質反映的是前生的經驗；這種前生經驗有時候是幾百年前的經驗。所以，問題不在忿恨、嫉妒、惱怒、悲傷等對人格造成什麼影響，而是這些東西對靈魂造成什麼影響。

不過我們卻沒有必要了解靈魂的每一次人格，每一生。對於靈魂每次人格的發展，他的無數生、無數世並非都一樣重要。但是，造成你這一生人格上種種掙扎的幾次前生的經驗，如果未能覺察，你就無法了解自己從今生的經驗中到底治療到什麼程度，是否已經快要完成。

譬如，假設你的靈魂在種種前生中，曾經是古羅馬軍官、印度乞丐、墨西哥母親、流浪兒、中古修女。這時，如果這幾個前生運轉的業力在你這一生也運轉了，那麼，如果不曾覺察這幾個前生的經驗，便無法了解你這一生的偏好、興趣，以及對種種情況的反應。

你靈魂裡那個中古的修女，或許已經發展出看見天使的能力，這是多麼不凡的靈性修為！如果是這樣，你這一生，你的無形導師就會以這種頻率的光接近你。你一生的冥思、掙扎、痛苦、勇氣，她會給你果實。另外，你靈魂裡那個古羅馬軍官也沒有在一千年前死去，他的能量會扎實地進入你的身體，出於好奇心，很想抓一抓現代武器。

是否有些人，你一見面就不喜歡？小時候，醫學是否一直很吸引你？你是否害怕狹小的空間？這類反應，你往往窮盡一生的經驗也無法解釋。存在於心理學核心當中那治療人心的力量，就是意識的力量。起而追尋，鼓起勇氣面對，將潛意識裡的東西推到意識的光底下，爬到力量上優於人格的地位——這就是治療人心的力量。那些需要覺察的東西，譬如其他地方的前生發生過的種種經驗，如果不能認識它們的存在，就無法治療。

你是否曾經離開伴侶或配偶？你的伴侶或配偶是否曾經離開你？這很有可能是因為你們的靈魂懷著很大的慈悲，很高興地同意今生再次演出前生或前幾生沒有完成的狀況；因為這種狀況今生對你們依然有治療的力量。你們的靈魂很可能協議要取得彼此能量的平衡，因此今生有一方需要感受前生加諸於對方的痛苦。這些經驗，目的並不在製造無謂的痛苦。宇宙間所有的行為，無一不慈悲。

父母是你今生最親近的靈魂，對你的影響也最大。即使表面上看起來不是這樣，即使你從一出生就離開雙親或其中一方。你的靈魂和父母的靈魂彼此同意建立你們的關係，為的是要平衡那些需要平衡的能量，或者推動雙方的動力，以便學習需要學習的課題。如果未能覺察你們之間業力的交互作用、未能覺察你靈魂前生的經驗，你將無法了解你和父母或兄弟姐妹的互動能夠帶給你多大的覺醒。

直覺的探索和了解，將是靈性心理學主要的部分。直覺是無形世界的聲音。直覺是一種溝通系統，將五官人格從五官系統的侷限中解放。直覺連接了人格和人格的高層我、引導、導師。

現在的心理學連直覺都不承認，頂多只是好奇地看待。所以現在的心理學並不承認直覺所獲得的知識，因此也不是現代人的智力可以處理的知識。五官人格處理的，都是用五官收集、保存的知識。多官人卻需要利用直覺收集知識，並且在處理這種知識的時候，逐步和自己的靈魂結合。自覺地走向真實力量的道路，就在於認識人類無形空間的存在，認識靈魂的存在，不斷了解靈魂是怎麼一回事，需要的是什麼東西。

靈性是「靈性心理學」的核心。靈性將成為靈性心理學的取向，靈性的危機將成為正當的苦難。靈性心理學所追蹤、了解的，將是業力、輪迴、直覺、靈性之間機能的關係。

靈性和我們不朽的過程有關。譬如，你有你的直覺，但是你的靈性卻不限於你這一生這個人格，也不限於這個人格的直覺系統。你的靈性引導的是靈魂的整個旅程，你的直覺卻是你的靈魂和你的存有之間的聯繫之道，目的是幫助你的存有生存、創造，產生生活靈感。直覺讓你透過高層我，要求並得到其他靈魂、你的引導、導師的協助。你的靈性和你內在那些不朽的事物有關。至於直覺，一旦你離開你的身體，你為這個身體所發展的直覺系統就被放棄了，因為此時這個直覺系統已經不再被需要。

靈性心理學，就是有規律有系統地研究什麼東西對靈魂的健康來說必要的學問。靈性心理學要認識的，是於靈魂的和諧與完整有損，於靈魂的能量有損的行為。精神心理學要檢視那些影響面極廣的消極要素，看看這些要素中有多少種，對靈魂造成影響。

不管什麼東西，只要使人內在的分裂擴大，都會使靈魂破碎，或者在某方面使靈魂的力量變得低落；這點不要和靈魂的不朽混為一談。靈魂把自己的力量縮小，以適合於某個有形化身的時候，其中是有靈魂的整體藍圖的；可以說，整體的靈性遺傳模式盡在其中。因此，人格的運作一旦逸出這個整體的遺傳模式之外，人格就紊亂了。

靈性心理學將使我們知道什麼情況會使靈性破碎。譬如，殘暴就會使人的靈性破碎。靈魂無法忍受殘暴，靈魂無法忍受種種痛苦、非理性，無法忍受他人的欺騙。想想在這個行星上出現的情況。靈魂無法忍受懷恨，無法忍受嫉妒、怨恨。對他來說，這些都是污染，都是毒藥。

人格犯了這些行為，就好比一再餵食身體砒霜。確實是這麼回事，這些行為確實是以這樣的效果扭曲靈魂、污染靈魂，破壞靈魂的力量。然而這種扭曲，目的正是要清洗，要讓別的靈魂看見，然後來幫助他。

靈性心理學最重要的部分，就是了解這種動力。靈性心理學必須建立在這個基礎上。這樣一來，每當看到別人痛苦的時候，我們就不會加以判斷，或者認為醜陋，或者逃避，我們會知道這就是靈魂破碎了。在這種情況下，我們就會說，讓我們治療他吧！

讓我們治療他吧！讓我們不要逃避靈魂破碎之後的可厭。破碎的靈魂，他的人格是沒有覺察力的。事實上人格與靈魂間一直在互動，問題在於你是否覺察到這種互動。沒有覺察，這種互動就不是直接的。此時這種互動必須通過「懷疑」這種密度，通過「不知不覺」這種密度，而成為間接的互動。如果你覺察到高層我的引導，也接受這種引導，那麼，這種接受的態度就會使他的引導立刻流進來。但是，如果你未能覺察，也否定有什麼高層我的智慧與引導，那麼這種引導只好透過有形事件來到你身上。

「覺察」進入一個不知不覺的人格上面，首先就是透過危機。人格如果沒有和清淨的靈魂能量連在一起，或者說，如果和靈魂清淨的能量分開了，就會被誘入有形的生活事物。這樣，由於原先準備流入人格的力量和引導已經切斷了，所以結果往往是人格的危機。人格未能覺察，或者否定任何高層智慧的存在，就無法接受他的引導，獲知他的直覺，利用我們這個物種的任何引導作用。這樣，結果就是人格的危機。

但是，這是不是表示危機是我們成長的主要因素？不是的。這種成長模式會隨著我們所做的種種選擇而進化。我們的整個進化流程並不一定要包括這種危機在內。成長，不一定包括痛苦和創傷，不一定包括感情或身體的暴力、摧殘。我們這個物種最終在進化過程的某一個點臻於完整，這一點已經包含在神聖的秩序裡面。但是，在進化過程中，我們要怎麼動、怎麼學習，則視我們怎樣運用地球學校的能量而定。

製造懷疑，把懷疑當作主要的導師，是人自己決定的。我們人選擇了這種學習方法，也發動了業力——世世代代的業力。

隨著我們這個物種的日漸進化，隨著我們體驗到種種恐懼，種種欲望，種種對形體的執著，不論在集體或個人之上，某些選擇開始浮現出來，成為我們最熟悉的途徑。覺悟到自己需要碰觸其他的東西，需要碰觸自己的靈性能量系統——如今這已經成了古老之道。這古老之道，包括在自己與地球學校這個結構的關係上，在形體上變得很弱，然後靈魂才開始追尋真正的力量。

換句話說，人格若要覺察靈魂的潛力，就必須失去伴侶，或者遭遇兒女死亡，或者事業失敗——也就是發生個人無力控制的狀況。要人格覺察到靈魂的潛力，需要的是外在力量的失敗。對五官人格而言，外在力量失敗，就是危險。

靈性心理學闡明了這種狀況。闡明的方法是直接提出「真實力量」這個課題。在時機上，這剛好及時；因為，如今我們這個物種即將超越五官人格，超越「用五官探索有形世界——即外在力量」這種學習方式，開始進入多官人格，進入無形體的世界，在無形的引導和導師的協助下，透過負責任的選擇，自覺地走向「真實力量」的旅程。

人格，包括五官人格在內，既不正也不邪。人格是靈魂的工具，是轉生很自然的一部分。五官的發展是一種「慶祝」，慶祝我們的智力得到擴展，我們這個物種從此得以透過有形物質來學習。我們之所以追求外在力量，是因為覺得不安全；我們之所以覺得不安全，不是因為五官人格的狹隘，而是因為我們這個物種不透過智慧來學習，卻透過恐懼和懷疑來學習。

如今，我們這個物種又有了機會決定自己要怎樣學習，怎樣進化。身為個體兼物種，如今是我們再次選擇的時候了。身為個體和一個物種，這是我們的一次機會，讓我們能夠做出不同的選擇，另循他途，選擇由智慧學習愛，走上清明的、自覺成長的、自覺生活的路。

我們已經接近這個階段進化的尾聲，這個階段的進化遠在我們存在之前就已經寫下了。當初在設計我們這個物種的學習與進化時，就已經設定我們要去完成某些循環。這種循環是宇宙間、我們這個星河間，以及其他星河間的大循環。這種循環在實體內以某個速度前進，目的在完成某些目標，平衡某些能量。

目前我們即將完成、因此也就即將開始的循環，是屬於即將結束又即將要開始的三個循環。這三個循環一個比一個大，循環之內還有循環，就好比月球繞地球、地球繞日、軌道之外又有軌道一樣。

在天文學上，我們現在即將結束一個兩千年的大循環，和一個更大的、兩萬五千年的循環。然而，這兩個循環又要跟著一個十二萬五千年循環的結束而結束。在我們進化過程的這一刻，這些事情就是這樣發生，就是在這個時候發生。

過去這兩千年循環的「負數」已經慢慢收集起來，可以排除並轉變了。如此一來，下個兩千年的循環才能跟著另一個兩萬五千年，和另一個十二萬五千年的大循環，三者同時重新開始。

此刻會出現一些完全不同的機會，讓我們揚棄那些已經不再需要的模式（也就是地球目前的狀況）。你越光亮，說正確點，越開悟，越會做出不一樣的選擇。

靈性心理學所支持的是「透過智慧學習」的選擇，「揚棄負面模式，揚棄懷疑與恐懼」的選擇。對目前的我們、以後的我們，這些負面模式，這些懷疑和恐懼都已經不適宜。靈性心理學將釐清人格和靈魂的關係，釐清兩者的差異，以及辨認這種差異的方法。人格發動的非人格能量動力——靈性心理學要從這個觀點闡明人格與人格間互動的效應，也闡明我們可以怎樣利用這些動力來治療人心。

★欲應用本章節所學與加深自身經驗，請參看〈學習指南〉第十三章。

14 假象

個體的每一次互動，都是「學習」這種動力的一部分。你和他人的互動，「假象」是其中動力的一部分。假象使靈魂知覺到自己必須了解的事物，這樣他才能夠治療這些事物。假象就像電影一樣，把靈魂需要治療的種種面相拼湊成完整的狀況。

假象是一部學習的車子。假象屬於人格；一旦死去，一旦「回家」，這個假象就被丟下了。不過，一個人格，比喻來說，只要是活在愛和光裡，如果能用靈魂的眼光看事物，就能看穿假象，不受假象影響。這種人格是真正獲得真實力量的人格。

假象和靈魂的關係非常密切。往往，所有的狀況都是在為人做事。每個狀況、每個時刻都在治療你的靈魂，恢復靈魂的完整。你永遠不可能，也找不到某個狀況或某個時刻不是這樣。每個靈魂的假象，都是由他的意圖所製造的，所以，這個假象無時無刻都很真實，其中充斥的經驗對你靈魂的痊癒而言，都是最恰當的經驗。

假象總是變來變去。這並不是說，假象製造的東西缺乏參與製造的那個靈魂的獨立性，而是說，我們的知覺無一不可治療，我們的意圖無一不可改變，不可替代。

了解假象之所以存在的原因，了解假象如何運作，了解假象背後的動力，以及它在靈魂的進化當中扮演的角色——這就是「靈性心理學」的核心。

靈性心理學使人格得以去除假象，從可以理解的觀點看待假象，看它的運作。譬如說，一個人具有現代醫學常識，當鼠疫在歐洲流行的時候，他便可以活在歐洲人當中而不受感染。同理，一個人如果了解假象，知道假象如何運作，便可以活在假象當中而不受感染。

鼠疫是由嚙齒類動物身上的跳蚤傳播的疾病，現在我們知道這點，但以前的人不知道。一個人只要能夠保持個人衛生，保持環境清潔，避免引來嚙齒類動物，不但自己能夠不受感染，還能保護他人安全無恙。

每當我們感到恐懼、忿恨、嫉妒，我們便置身於假象當中。假象的作用在於使我們覺察靈魂需要治療的部分。那些恐懼、忿恨、嫉妒事實上並不存在，也出於這個原因，追求這些東西並不會給我們力量。

靈魂與靈魂之間存在的是愛，而且也只有愛。了解這一點，人格就可以即使耽於假象，卻永遠能覺察假象，自覺地接受假象提供的治療，也幫助別人痊癒。在瘟疫和假象這兩種狀況裡面，知識和覺察力其實是一樣的東西。

如果你忘記自己原本是強大的靈，只為了學習才採取有形的經驗，假象就會主宰你。如果你總是受人格欲望、衝動和價值觀的驅策，不肯抗拒，假象就會主宰你。如果你恐懼、憎恨、悲傷，因生氣而傷痛，因憤怒而攻擊他人，假象就會主宰你。然而，當你愛的時候，打開慈悲心的時候，你的創造力暢通無阻的時候，假象就無法主宰你。換句話說，人格若與自己的靈魂完全結合，假象就完全無能為力了。

假象由非人格能量的動力統御，一開始則是由業力法則塑造。每個人格的構成，每個人格跟隨著出生時潛意識的意圖，都由他靈魂的業力決定。人格潛意識的意圖製造他自己的假象，也就是塑造他在地球學校上的實在界，直到這些意圖被別的（不論意識或潛意識）意圖取代為止。如果人格的種種反應替靈魂製造了業力，而且又無法在這一生平衡這份業力，這一份業力就會在下一個人格的塑造上發生作用。這一個人格的意圖又製造他的假象，製造他在地球學校上的實在界。如此這般，依此類推。

然而，即使人格對假象有所自覺，能夠覺察，並依這樣的覺察設定自己的意圖，他仍然必須完成靈魂所負的業力責任。業力就是業力。能量就是能量。覺醒的人格都了解這一點，因此面對生活的關係和事件，不會生出忿恨、恐懼、悲傷、嫉妒，而是生出慈悲心，並且相信宇宙無時不刻不在照應他靈魂的需要。這樣，他就會吸引其他意識頻率相同的靈魂，和他在一起。

每個人格所吸引的都是意識頻率相同、或者弱點相同的人格。忿恨的頻率吸引忿恨的頻率；貪婪的頻率吸引貪婪的頻率，依此類推，這就是「吸引力法則」。惡吸引惡，正如愛吸引愛一樣。因此，一個忿恨的人，他的世界就充滿忿恨的人。貪婪的人，他的世界就充滿貪婪的人。慈愛的人，他的世界就充滿慈愛的人。

「吸引力法則」在每個人格上製造了一個能量相同的繭。這樣，當他要治療自己的忿恨、恐懼、嫉妒的時候，就能夠加強、加速這個恢復完整的變態（metamorphosis）過程，讓這個過程占據「覺察」舞台的中心。於是，此時人格不但會在自己心裡看到忿恨、恐懼，而且是到處看到忿恨、恐懼。因為，這時人格開始要自覺的治療自己的忿恨、恐懼，所以宇宙便慈悲的回應他這種恢復完整的希望，因此他碰到的每件事、去到的每個地方，都會使他不快或害怕。

人格產生忿恨、恐懼以後，他所在的世界便一直反映這些必須治療的忿恨、恐懼，直到最後他終於明白這些經驗和知覺都是自己製造的，這些正當的忿恨和恐懼都源於自己。所以，只有靠自己的力量，才能夠用別的知覺和經驗來取代。

一個人如果忿恨不平，他忿恨的頻率會在周遭人的意識裡激起相同的頻率。同理，愛的頻率激起的就是愛的頻率，這就是「意圖決定結果」。如果你給人家的東西毫無意義，如果你給人家的東西毫無助益、毫無支持之用，如果你給人家的東西不但沒有使他強大，反而剝削他，你就會遭到抗拒。這種抗拒就和你剝削他、控制他的能量形成對立之勢。

追求外在力量，結果往往是分裂和疏離。在這個非人格架構內運作的，是「誘惑」和「負責任的選擇」的動力。

人的感情系統，大致可以分為愛和恐懼這兩個要素。愛屬於靈魂，恐懼屬於人格。恐懼引發生氣、憤怒、仇恨、憎怨、嫉妒、孤獨、輕蔑、悲傷、絕望、哀愁、懊悔、貪婪、色欲、驕傲、疏離、自憐、冷漠、愧疚、不快、自卑、優越感等等感情。這種感情產生並維繫了人格的假象，製造了相應的行為，譬如（對他人，對動物，對地球，對他國的）自私、（在商業上、性方面或感情上）利用他人、欺騙、操縱、暴力、殘忍、不耐、嘲笑、責怪等。

如果人格是不自覺的，那麼他每一刻的恐懼，或隨著恐懼而生的每一種感情，都會使他產生壞的行為，替他的靈魂製造惡業。因恐懼而生的感情可以引發任何一種建立在恐懼之上的行為。譬如說，嫉妒會產生欺騙或嘲笑（兩者都是一種操縱），或者暴力。貪婪會產生不耐（這是一種自私）或責怪，或者利用他人。

比如說，你對自己憤怒的部分沒有自覺，如果你沒有覺察到自己是分裂的人格，你就會不假思索發動自己的憤怒。這時你也許是對外攻擊，也許是退縮，或者用什麼方式表現憤怒。你的憤怒會溢出個人的能量領域，進入周遭人的集體能量領域製造惡業。

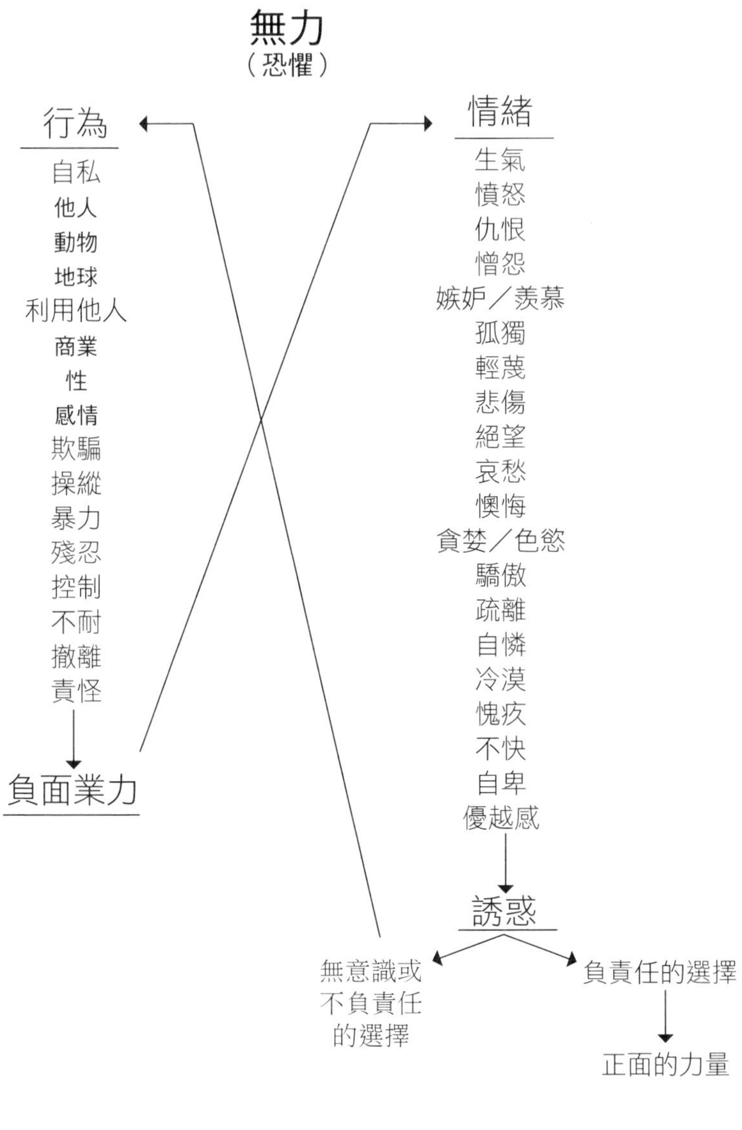
無力
（恐懼）
行為
自私
他人
動物
地球
利用他人
商業
性
感情
欺騙
操縱
暴力
殘忍
控制
不耐
撤離
責怪
負面業力
情緒
生氣
憤怒
仇恨
憎怨
嫉妒／羨慕
孤獨
輕蔑
悲傷
絕望
哀愁
懊悔
貪婪／色慾
驕傲
疏離
自憐
冷漠
愧疚
不快
自卑
優越感
誘惑
無意識或
不負責任
的選擇
負責任的選擇
正面的力量

然而，你一旦開始承受自己憤怒的結果，一旦這些結果經由業力法則和吸引力法則回到你身上，你或者你靈魂的其他人格，就開始學會創造不一樣的東西。如此這般，由恐懼而生的每種感情都要經歷這樣的過程。

恐懼的背後是無力，你向外追尋，希望把自己缺乏力量的部分填滿，卻一次次發現，那些部分用這種方法永遠填不滿。如此這般，也許這輩子，也許是一千輩子後，你終於轉向真正的力量。這種學習法是不自覺的，是透過人格潛意識製造的經驗學習，是透過潛意識對這些經驗的反應所形成的經驗學習。

然而，如果人格覺察到自己的分裂狀態，或者，他不但覺察到自己忿恨而充滿報復心的一面，也覺察到慈悲而理解的一面，那麼他就會獲得「誘惑」這種動力帶來的好處。憤怒的能量會從他的系統流過，而誘惑卻使他預先看到與這種能量的頻率結合的後果，讓他事先看到屈服於誘惑的結果，然後他就能決定值不值得表現這種憤怒。他能夠預見，如果那一刻把憤怒表現出來，對自己、對身邊的人會有什麼影響；或者，如果他表現的是慈悲與了解，對自己和別人又會造成什麼影響。

憤怒的那一刻，不自覺的人格覺察不到自己其實有一面寧願表現出慈悲與了解。但是如果在那一刻他看得清楚，自然就認得出來：由於表現憤怒所造成的孤獨和疏離，到底是他的哪些部分在承受？是他的哪些部分在渴望溫暖和陪伴？活在忿恨、恐懼、嫉妒中的人根本無法和人建立深刻而美好的關係，那麼，是他的哪些部分在渴望這種關係？

受誘惑的人格如果決定要和愛、清明、理解、慈悲結合，就會獲得力量。相對的，憤怒、不快、仇恨這種衝動就對他失去力量。他就這樣一步步、一次次自覺地決定，變得很強。但是如果他決定耽溺於其中不自覺，逃避自己行為的責任，那麼負面能量就會構成他的言語，塑造他的行為，又造成一些壞的行為，然後製造惡業。

那麼，這一切又關「假象」什麼事？

壞的行為在自己和他人心裡製造了壞的感情；但這是一次機會，讓我們決定是要製造下次的惡業，還是經由負責任的選擇而獲得力量。「惡業」的意義就在於，人格選擇的若是壞行為，就會接受和別的人格一樣的壞行為，但接著同樣又得到一次機會，決定是要繼續這種學習方法，還是揚棄。

這就是假象。之所以是假象，是因為你和別的相關靈魂為了治好自己，早就懷著慈悲與智慧，協議一起參與地球學校的學習能力。之所以是假象，是因為在無形體界，其實沒有空間，沒有時間，沒有憤怒、嫉妒和恐懼存在。之所以是假象，是因為一旦你「回家」了，這個假象就不存在了。

因此，你要如何判斷處於這種學習過程的靈魂？你要縮回哪一步，或哪幾步，然後說「這樣做錯了」、「這樣做很有價值」、「你這樣做很成功」、「你這樣做沒有成功」呢？如果按照這種「學習」以當時發生的狀態來判斷靈魂，你就無法不製造業力。

換句話說，靈魂必須在過程中才能予以檢視。譬如，你可以問自己「我的憤怒從何而來？」然後發現這股憤怒來自於多重動力，其中一部分可能早在幾百年前，甚至更久前就已經發動，只是現在才完成。這股能量是你為了治癒自己的靈魂、平衡自己的業力能量，一直想釋放的。同理，你也不能像法官一樣判斷他人一次的憤怒，你必須看清楚這其中是在展開一個過程，然後加上「業力」這個因素來考慮這個過程。

你最多只能判斷靈魂是否按照自己的意志涉入治療過程；而且，靈魂就和你一樣，和整個宇宙一樣，一直在進化。這就是「不判斷的正義」。這種正義，除了懷著愛認識靈魂在追尋愛以外，不對靈魂的進化過程做任何判斷。

是非成敗並非宇宙看待事物之道。你如何知道「成功」是怎麼回事？你看得到自己的存在、行為、講話全部的因果嗎？因此，你如何能知道成功是怎麼回事？又哪裡可能想像失敗是怎麼回事？何謂「失敗」？是不是只是因果？我們所謂的失敗，事實上只是因和果，只是因果發展的過程。

所以，如果你有智慧，我們心目中所謂的「成功」和「失敗」這種動態，你最好都想像成不存在，因為確實是不存在——它們只有從判斷的角度來看才存在，從真理的角度看，就不存在。

在假象裡，你如何能說什麼東西有價值，什麼東西沒有價值？「沒有價值」這種判斷意指「不完美」。但請看看你的四周，人除了在過程中趨向完美和有價值，可曾在什麼地方達到至善？隨時隨地都完美而有價值的，是這個過程本身。你就是在過程當中完成了任務。

但是，在假象裡，我們又如何知道什麼東西要追求、什麼東西不要追求呢？

你可以問問自己你本來的需要和「收養的」需要，或者說造作的需要，有什麼不一樣。你真正需要的是什麼？你因為某些原因，例如想控制別人、想操縱別人、想引起他人注意而製造出來的需要，又是什麼？請你在心裡把這兩者分辨一下，深入地了解自己，認清自己身為一個人有什麼合理的需要，另一個部分的你又因某些原因，譬如想引起外人注意、為了取得外在的威望、為了出人頭地，而製造了什麼需要。你要懂得分辨這兩者，然後選擇其中一個去追求。

譬如說，隔壁人家很吵鬧，使你很惱火。你會惱火是因為真正的需要沒有獲得滿足，還是造作的需要沒有獲得滿足？垃圾車的噪音使你很困擾、你希望雜貨店店員對你有禮貌一點，這反映的是你真正的需要，還是造作的需要？需要有真正的需要，身為人和靈魂真正的需要，也有不是從自己靈魂而來的需要，因外在力量的原因而「收養」的需要。兩者之間你要懂得分辨。一旦做出清晰的判斷，你就能夠隔離你造作的自我，清楚地決定自己對事物要持什麼反應；就算選擇的是造作的需要，也能夠保持負責任的態度。

真正的需要屬於靈魂。譬如，你需要愛和被愛，你需要表現自己的創造力，不論是為了養家或領導國家都一樣。你需要培養靈性，努力使人格和靈魂合而為一。你需要你無形的導師以他非人格的智慧指導你。你需要你無形的引導帶領你。這都是你真正的需要。

不真實的需要屬於人格。不真實的需要，是你為了控制自己所在的空間，在地球上行走，而在有形生命中採取的東西。造作的需要是招致惡業的需要，如果你沒有放棄這些需要，讓這些需要屈服、流走，如果你決定滿足這種需要、利用這種需要，你就會製造很大的惡業。

不真實的需要是一種障礙。不論是國家或個人，他們的所有往往遠超過他們所需。他們的所有都是人為障礙，這些所有背後的目的，都是在累積外在的力量。人為的需要，這麼說吧，背後的二度收益，就是人為的力量。仔細去看，你就會發現人為的力量——在婚姻、國際關係，以及所有的衝突中，到處都是。

只要身上還籠罩著造作的需要，你就無法完全體驗靈魂的存在。你的靈魂呈現了他的存在，但你卻只看到自己造作的需要。你認為這些需要非常重要，意義重大。真的是這樣嗎？看看自己那些不是那麼真實的需要，你知道它們怎樣從你身上吸走能量嗎？只要你的優先事物是來自小我，你就無法觸及自己的高層我。

對於真正的需要，宇宙永遠會給予滿足。供應你真正需要的，就是宇宙。譬如，宇宙一直給你機會去愛人和被愛。但是，問問自己，你這輩子錯失了多少這種機會？

回應真正的需要，揚棄造作的需要，知道這些造作的需要都是自我的防衛機制，非屬必要。懂得這些，你就會對別人開放、理解、慈悲。每個人的生命過程是非常自然地給予和取得，每個人都有真正的需要，也有不真實的需要。一旦了解自己真正的需要是什麼，一旦面對自己不真實或不能促進發展的需要而懂得退讓、給予、超越，就是你開始懂得給予和取得的時候了。

只要能夠看清自己真正的需要，你就會發現，原來自己覺得有哪些造作的需要，其實都是因為害怕失去力量，但又無法直接表明，所以才製造出一種需要來替自己說話。因此，你必須學會表達真正的需要。這樣，你就不必背負與本性不符的行為模式，否則這種行為模式會一直籠罩你，給你一些造作的人格表象，讓你活得煞有其事。

請真誠地觀察自己的需要：何處真實，何處不真實。不真實處，再看看自己是否感受到不好的感情。努力從這種感情走開一步，讓自己不再受它蒙蔽，不再對它不知不覺。走開一步，讓它從你身上通過，卻不滲進你的內心深處，在你身上製造行為、惡念、退縮的感情等。退開一步，於是，每看清楚這種感情一次，你就得到解脫，越來越解脫。

這時，你就能夠看清那運動中的假象。這就是一部分的真實力量。

★欲應用本章節所學與加深自身經驗，請參看〈學習指南〉第十四章。

15 力量

力量的本質是什麼？「真正的強者」指的是什麼？

能夠將自己的意志加諸於他人身上，並不是力量，這種力量沒有內在的真實性。這種力量是時間的屬性，時間改變，它就跟著改變。你是否身體很強壯，他人難以挑戰？但是你的身體會變。那時你要怎麼辦？你是否容貌美麗，可以用來影響別人？但是你的容貌會變。那時你要怎麼辦？你是否很聰明，懂得擺布別人？但是如果你錯失機會或者厭倦了，你要怎麼辦？

如果你活在這個世間卻不自在，你就是活在恐懼中，永遠無法輕鬆享受生活。這是力量嗎？恐懼，或任何一種由恐懼產生的行為，都沒有力量。恐懼的意念，即使是有軍隊的支持，還是沒有力量。古羅馬軍隊一千多年前就已經消失，但是遭受羅馬軍人處死的那個人，生命力流傳至今，依舊影響著人類的發展。兩者誰有力量？

你追求什麼樣的東西，你就有多強。你是否希望自己銀行帳戶裡存款更多、房子大一點？你是否希望伴侶很漂亮？你是否想將自己的思考方式加諸於他人身上？人格如果想滿足自己的欲望，就會有這些主張。然而，你是否追求每一個靈魂的至善、美和慈悲？你是否想擁有愛的力量和清明的智慧？你是否希望自己寬恕、謙卑？人格若是已經和靈魂結合，就會有這種主張。真正強大的人格，就會有這種態度。

力量，是靈魂的意圖構成的能量，是愛與慈悲的意圖在智慧引導下所塑造的光，是為了完成靈魂在世間的任務而集中於此的能量，是為了將人格發展為適合這個任務的有形工具而引導於此的能量。這種力量將靈魂創造的假象塑造為靈魂——不是人格——的形象。

這樣講是什麼意思？

靈魂與靈魂之間一直在交換能量。但是，如果人格分裂，這種交換就會跟著分裂。此時，能量或者力量會經過人格分裂以後的各部分離開人格。你的一部分擔心失業，一部分害怕某層關係破裂，一部分懼怕和同事對立，力量便從你身上流失，無法控制。

無力的人格，他的能量動力就是這樣運作的。

能量因恐懼或懷疑而離開你，除了不快或痛苦，什麼都不能給你。能量因恐懼或懷疑從你身上流失的時候，你會感覺身體某個部分疼痛或不舒服，這個部分和失去力量的那個能量中心有關。

假設你擔心保護自己、照顧自己的能力不足，譬如擔心付不出房租，擔心受到身體或感情的傷害，假設你視力量為外在的東西，擔心自己的力量不足以確保自己的福祉或安全，這時你就會胃痛或覺得太陽神經叢不舒服。焦慮的時候，你這個系統的力量會從那個能量中心大量流失。一旦力量流失，就會影響到身體各部位，譬如能量從胃這個能量中心流失，就會引起消化的問題，不論慢性或急性，都會造成胃潰瘍。

如果你擔心自己失去愛人和被愛的能力，若你害怕表達自己的愛，害怕接受別人的愛，你就會感覺到胸部和心臟一帶不太舒服或疼痛。實際上，我們所感覺到的心痛，其實就是力量在恐懼或懷疑當中從這個能量中心流失。

你是否曾經失去伴侶、兒女，或者親愛的人？想想自己的感受，認清那時到底是什麼感覺。你會發現自己的身體有個部位會痛：胸部一帶會痛。這種經驗就是「力量從這個能量中心流失」。「心痛」就是這麼回事，力量從你的心臟這個中心流失了。力量從心臟這個中心流失，不論急性或慢性，都會造成心臟病。事實上，引發心臟病的原因之中，心肌梗塞多過於血液膽固醇過高或其他的生理狀況。

凡是憂愁、生理機能失常、生病，都可以理解為力量從身體的能量中心流失到外面的環境或物禮上。為某種不公不義而憤怒，你就失去力量。受到別人或他族的威脅，你就失去力量。由於忿恨、悲傷、失望、不值、優越感而疏遠自己的同胞，你就失去力量。渴望某個人、某樣東西，懊悔、嫉妒別人，你都會失去力量。這一切背後，都是恐懼——恐懼自己脆弱，恐懼自己沒有什麼人或什麼情況就無法處理事情，恐懼自己如果沒有那嫉妒的東西，就會不利。恐懼的時候，你就失去力量。「失去力量」就是這一回事。

只要不承認自己恐懼，只要對自己的感覺麻木，你就會一直失去力量。真實力量之路永遠通過你的感情、你的心，心的道路是慈悲的道路，是感情式知覺的道路。所以，壓抑感情、忽視自己的感受絕對不好。不了解自己的感受，就不了解自己人格的分裂，也無法向那些無助於你發展的面向和能量挑戰。

掌握力量，你就不會變成一個靜態的能量系統，不會囤積能量。你會成為穩定的能量系統，行為舉止焦點準確，意圖清楚。你會成為磁鐵，吸引啟蒙者，也吸引欲啟蒙者。

問題在於，能量是怎樣從你身上離開的。能量只要不是在信任與堅定中離開你，帶給你的就會是痛苦和不安。因此，真正的強者，除非在愛與信任當中，否則不會釋出能量。

真正的強者有什麼特質？

真正的強者很謙卑。這種謙卑，指的不是那種放下身段與屬下相處的客氣態度，而是一種包容。人具有這種包容力，會對每個靈魂的美有反應，在每個人格和人格的每種行為上都看到靈魂化身在地球上。強者的謙卑，是不去傷害生命。他珍視一切生命，崇仰一切生命，尊重一切生命。你關心地球嗎？絕對不傷害地球，就是謙卑。

不傷害生命是什麼意思？

意思是，因為你很強，所以不需要傷害生命。意思是，因為你「能」，你很強，所以你的意識裡沒有「傷害別人以顯示你有力量」的想法。如果不是真正的謙卑，你就不可能擁有這種力量。因為，你既然認為你所處的狀況或和你在一起的人不值得你尊重，那麼你的力量就流失了。

真正謙卑的心靈所在的世界，是熟人的世界。每個人對他而言不是陌生人，而是地球上的同伴。真正的心靈除了自己所需，不會要求其他東西。他所需，宇宙自會供給。真正謙卑的心靈，當他真正的需要滿足了，他就滿足了，不會再有造作的需要。

謙卑的心靈能夠很自由地愛別人，安分守己，他們沒有什麼造作的標準要讓自己活得煞有介事。他們不追逐外在力量，外在力量的象徵物也吸引不了他們。這意思不是說他們對自己所能為者不覺自豪，不盡其所能用心做好事情，（在適當的狀況下）不接受同胞的鞭策。

競爭，是指你和他人都在追求一種東西，以某種東西為目標，要得到那個東西。如果你追求的是威望、名聲，是金牌，不是銅牌，那麼，這種競爭的動機即是從你人格中引發的。你以他人為代價，而欲強化自己，凌駕別人。你追求這種報酬、那種報酬，但自己都不重視自己，卻要求世界重視你，承認你的價值。你把自我的價值感放在別人手裡。但是，你即使贏得了全世界的金牌，還是沒有力量。

然而，如果你追求的是毫無保留地給予，是和別的靈魂共同努力於一件事情，那麼，懷著目標、快樂、自覺付出所有一切，就是你靈魂的表現。一旦這件事完成，不論先後，價值都一樣，一旦受顯揚的是不朽的靈魂，而非必朽的人格和身體，一旦你的給予不再受到恐懼的阻礙，一旦你接受或不接受什麼東西不在於它的大小、顏色、形狀，你就開始了解謙卑心靈的力量。

除了謙卑，真正的強者能夠寬恕別人。寬恕不是一個道德課題，而是關於能量動力的課題。大部分人寬恕別人時，總是不希望被他們所寬恕的人給遺忘。這種寬恕是在操縱他們寬恕的人，根本不是寬恕，而是一種手段，用意是獲得外在力量以壓制別人。

寬恕意指不背負經驗的行李。如果你不寬恕，那個你不寬恕的經驗就會一直黏著你。不寬恕就好比自願戴上深色陰森的太陽眼鏡，眼中所見無不扭曲。因為你戴這副眼鏡，所以你每天都不得不透過有色鏡片看生命。你希望別人都這樣看世界，因為你自己這樣看世界。事實上，你看到的世界也是這樣。然而，也只有你才這樣看世界，因為你是透過自己污染過的愛看世界。

寬恕，意指你不要別人為你的經驗負責。你的事情，如果你不自己負責，你就會要別人負責。只要你對事情不滿，就會因為想改變而開始操縱別人。譬如，抱怨就是要別人為你的事負責，要別人補償你。

抱怨是一種操縱。但是你大可超越抱怨、進入下一步。下一步就是知覺與分享，但不操縱。然而，要點也不在分享，而在背後的意圖。如果你意在抱怨，不在分享，那麼這個抱怨就會變壞。但是分享不會。

問題在於，分享之前，你是抱著什麼意圖與人分享，或怎樣塑造這種分享。所以，與人分享之前，先問問自己：「我是抱著什麼意圖與他分享這件事？我是不是在尋求什麼反應？」用這種方法凝聚自己的態度，然後再把能量用到自己的話語裡。自己承擔事情的責任，並且以「同伴」的精神和他人分享，就等於寬恕。

要別人替你的事情負責，你就會失去力量。你根本不知道別人會怎樣，所以，在事關自身福祉的事情上，如果你依賴別人，就會一直活在恐懼中，因為你根本不知道他會怎樣。

認為別人應該為你的事情負責，這種知覺的背後隱藏著一個觀念，那就是，寬恕是為別人做的。事實是，你既然已經跨出自身力量之外，又如何寬恕別人？

寬恕別人時，你不但解除對他人的苛責，也解除了對自己的苛責。你輕鬆了，不再執著於學習過程中自己的決定造成的壞經驗。這種壞經驗就是懊悔。懊悔是執著於「負數」的雙倍「負數」。一旦懊悔，你就失去力量。同樣的經驗，一個人感到痛心，另一個卻一笑置之，哪個較輕鬆？哪個沒有傷害？

這並不是說，你不需要從自己的事情中學習，然後每次決定事情時再應用學習所得。相反地，能夠這樣，已經是負責任的決定。如果你已經盡己所能，我們對靈魂再也沒有什麼要求了。

除了謙卑與寬恕，真正的強者，他的知覺和思考都很清明。清明，是智慧的知覺；是用智慧看事情；是覺知假象、了解假象，卻不干擾它的演出。清明，是眼光越過人格的舉措，直接看到靈魂不朽的力量。清明，是了解有些東西在努力讓自己存在——就是人格的健康與完整，還有靈魂的進化。清明，是在時間與物質的世界認識無形的動力；是了解業力法則、吸引力法則，還有兩者與你的經驗之間的關係。清明，就是知道負責任的決定所扮演的角色。

清明，是看到靈魂在形體的世界活動。之所以看得到，是因為不再透過恐懼與懷疑學習，而是透過智慧。清明，讓你用慈悲看待同胞，而不夾雜判斷。有人選擇憤怒或貪婪的時候，你是否看到他製造的業力？你自己是否做過這種選擇？你是否覺得自己很脆弱？你是否打擊過別人？清明，會給你真正的慈悲，使你和別人分享生命的熱情。

清明，使心的能量暢通。

清明，將痛苦化為苦難。清明，讓你看到人格的動力所造成的痛苦，看到這種動力，看到這種經驗與靈魂進化的關係。清明，是永遠覺察到萬事萬物的存在都是為了完整與完美，事情的每一面最後都是為了美麗的學習。真正強大的人格看到的是：每種情況、每次經驗，對靈魂的進化和相關人格的突變而言，都是完美的。他在每個地方，都在最細微之處看到完美。不論何處，他只要看，就看到上帝的手。

清明能夠化解恐懼。清明使你選擇垂直之道，一直走在垂直之道上。清明使你了解上癮背後的動力，怎樣運作，以及在做什麼，然後做出決定使它們減弱，使你堅強。清明，使你不但敢向酗酒、吸毒、縱欲等自己不了解的「力量」挑戰，而且也敢向事情的因果動力挑戰。清明使你自覺地決定事情，而且清楚為什麼決定這樣、決定那樣。

清明，使你如實看到有形物質的世界，知道這個世界乃是共有它的靈魂凝聚他們的意圖，所製造出來的學習環境。因此，意圖在靈魂共同製造的實在界裡塑造每個人的實在界，而清明使你認識意圖製造的這種結果。

譬如，清明就讓你看到，目前國與國關係的塑造上，人格能量占有的程度有多大，靈魂能量占有的程度又有多大；你會發現，目前國際關係的塑造，完全缺乏靈魂的能量。其他的事情大部分都是這樣。

清明使你看到，在各種狀況裡，決定事情的過程怎樣和他人的進化產生相關性。清明，使你看到自己透過自己的決定，參與了「神聖伴侶」、「男性」、「女性」、「妻子」、「僧侶」等原型，人類集體觀念的共同能量動力的進化。清明，使你看到你每次下的決定都對自己的靈魂進化做出貢獻，而這些決定就具現在你和同胞共有的有形實在界裡。

除了謙卑、寬恕和清明，真正的強者也活在愛裡。愛是靈魂的能量，愛能夠治療人格，世間沒有什麼東西無法用愛治療。除了愛，世間再無其他東西。

愛不是被動狀態，而是一種主動的力量。愛是靈魂的力量。愛不只是衝突時帶來和平。愛是在世間創造另一種存在方式，是創造和諧，積極關切他人的福祉。愛，創造關懷、關切，創造光。愛，洗去人格在意的事物。愛的光之下，有的只是愛。

愛和力量，和地球學校裡發生的經驗轉變有關。你想在自己身上轉變的那種力量，就是整個地球必須轉變的力量。這個世界有很多很多人深受暴力、暴力的幻想、暴力行為所吸引，其中絕大部分主要是基於一個事實，就是，個別的他或她覺得無力、受害，但又想活下去，或至少想暫時和另一個人一起活下去——才能感覺有力。

但是，他所在的那個地方又找不到真正的力量，必須透過意識的進化，透過越來越堅強的決定，才能在你和壞感情之間製造距離，治療你自己，使暴力不再現形。要有愛，才能夠治癒暴力。

愛是靈魂的能量。因此，給予愛，接受愛，過愛的人生，才會使人格圓滿。人格永遠在追求的，就是愛。但是，不自覺地追求愛卻會製造忿恨、恐懼。人格不清楚自己在追求什麼，就會這樣。「上癮」就是這麼回事。

譬如，耽溺在一層性關係裡，事實上你追求的是愛。你認為自己在追求某種關於男人或女人的東西；事實上這是假象。你是在追求愛，但你不承認也不處理，於是你產生憤怒，因為你心裡有股能量和感情渴望誕生，卻找不到出口。在感情或靈性層面，和人發生性關係不可能不點燃某種感情，但是性行為如果沒有真正的感情或關係作為支撐，永遠都是一條死巷。就這樣，因為我們極度濫用了一種意義重大的模式，於是發生挫折、殘暴，最後是心理疾病，然後導致生理疾病和崩潰。

請記住，你要什麼，就得到什麼。

如果你要求的是愛，你要求的就是靈魂的能量。愛帶給你一種對他人真正的關切。你心裡若是存著他人的福祉，就不會掠奪他。

如果你把自己的想法、看待事情的態度強加給別人，那麼，即使你追求的是愛，你還是在用自己人格的欲望去主導你要的東西。所以你追求的還是外在力量，這裡面非常空洞。想支配別人，結果支配不了別人，只是削弱了自己。你越覺得自己很弱，就越想控制外在事物。

內心有愛的人格，不會想控制別人，而是滋養別人；不會想支配他人，而是給他人力量。愛是圓滿而豐富的靈魂，在你身上流動。

謙卑、寬恕、清明與愛，都是自由的動力，也是真實力量的基石。

★欲應用本章節所學與加深自身經驗，請參看〈學習指南〉第十五章。

16 信任

每個靈魂都是帶著才能來到世間。靈魂之所以化為人身，不但為了治療，為了平衡能量，為了償還業力的債務，也為了貢獻所長。每個靈魂都帶有地球學校需要的生命力，他是有目的、有意圖地做這件事。

每個靈魂化為人身以前，都已經同意在地球擔任某種任務，他們和宇宙達成神聖的協議，要完成某些目標。他懷著自身的圓滿投入使命當中。就是因為這個道理，所以靈魂一旦完成目標，達成自己同意做的事，他化身的那次人格的一生就過得很豐富、獨特，而其他的靈魂，不論有形無形，也都會同聲讚揚、承認。

每個靈魂都負有任務。這個任務也許是養家，也許是以寫作傳播觀念，也可能是改變某些社群（譬如商界）的發展，也許是喚醒國家的覺察力，使整個國家覺察到愛的力量。這個任務甚至也可能是直接促成全世界人類意識的進化。但是，不論你的靈魂同意負擔的是什麼任務，不論他和宇宙有什麼契約，你生活的一切經驗，都是要在你心裡喚醒這份契約的記憶，把你「準備」好，讓你去履行這份契約。

無力的人格無法完成靈魂的任務，這樣的人格沉淪在內在的空虛裡。他一直想用外在力量填補這種空虛，可是永遠填補不了。這種空虛、失落，或說某種錯誤，用人格欲望的滿足是無法醫治的。滿足因恐懼而生的需要，不會成為你達成目標的試金石。人格不論在自己的目標上多麼成功，這些目標永遠不夠，最後他會開始渴望靈魂的能量。只有這個時候，他才會走上靈魂為他選擇、能夠滿足他的飢渴的道路。

因此，真正的力量，和靈魂在世間任務的完成，這兩種動力是分不開的。要充分完成靈魂的任務，需要真實的力量。然而，一旦進入真實的力量，也就是你開始履行你和宇宙契約的時候了。然而，當你要履行契約，要自覺接近靈魂的能量時，你又強化了自身的力量。你，和自己的靈魂要在世間完成的工作，兩者互相擴展。你成長、發展的時候，另一方亦然。

靈魂一旦化為人身，對自己曾經和宇宙定下契約這回事就淡忘了。這份記憶開始沉睡，等待某些經驗來喚醒。人格不一定會選擇這種經驗。但是，我們卻需要這種經驗才能喚醒人格意識的覺察力，督促人格準備完成任務。我們要有這份覺察力，才能覺察靈魂的力量和任務。

想起自己靈魂的任務，是什麼感覺？

做事的時候，你最深刻的部分沉浸在其中；你的行為、活動有目標，令人滿足；你做的事不但是服務自己，也是服務他人；你內心不厭不倦，追求的是工作和生活給人的甜美的滿足，這時，你就是在做自己該做的事。人格若是沉浸在靈魂的工作中，就會意興昂揚，不背負惡業，不恐懼。他的經驗有目標，有意義。他在自己的工作和他人身上都很愉快。他不但完成自己，也完成他人。

和父母互動，和那些你決定共享親密的人互動，和那些在世間幾十億靈魂當中，獨獨與你共享生命某部分的人互動，都會促使你內心覺察到自己是什麼人，在這裡做什麼。你所承受的痛苦、所遭遇的孤獨，那些失望、沮喪的經驗，那些上癮，生活中那些看似創傷的事物，每個都是通向這種覺察的門道，每一個都在給你機會，看穿那些平衡靈魂、使靈魂成長的假象。

痛苦經驗、壞經驗，每個都是機會，讓你向它背後的知覺和恐懼挑戰，並選擇智慧作為學習之道。一旦你開始鼓起勇氣努力，恐懼也許不會隨即消失，不過慢慢地就會消失。恐懼一旦嚇不到你，它就待不下去了。只要你選擇智慧作為學習之道，選擇自覺地進化，所有的恐懼就會完全浮現，讓你用內心的信仰把它們「驅魔」。就是這麼回事。你把自己的魔驅除了。

你的引導和導師一直在給你光。他們時時刻刻鼓勵你完成最高的成長和發展，但是他們無法阻止你透過自己的經驗學習、成長、行動，無法阻止這些經驗影響你。就算你能夠自覺地、直接和他們溝通也一樣。

你的經驗或許使你向左行動，或許使你向右行動；這樣，你就會向導師提出這樣或那樣的問題。向左，你的問題就和向右完全不一樣。於是，你因這個問題而開展的實在界也就完全不一樣。

靈魂沒有所謂「最好」的路。靈魂有很多條最好的路。每次你一做選擇，這個選擇立刻創造出很多條路。換句話說，對你的靈魂而言，自覺的選擇就是最好的路，垂直之道就是最好的路。你一做選擇，馬上產生種種「演出」方式。

那麼，那些無形的引導是怎樣替你做事的呢？

那是一種「挑戰的關係」：向你挑戰，要你以整體全面的廣度、寬度和深度承認真實的力量，做出負責任的選擇。這不是說要你毫不用心、任其擺布，而是說，你要允許他向你顯示你所有的力量，允許他引導你善用力量。

關於什麼東西對你最好，如果你完全仰仗人格的能力來決定，你可能會阻擋了自己走上一條豐富的道路；而這條道路事實上一直在等你。如果不能掙脫局限，你怎麼知道宇宙準備了什麼東西在等你？假設你已經決心用一種方式，譬如用自己的創意來累積金錢，而不再用其他方式開展生命，這樣就等於是把自己的實在界全部建立在這上頭。

如果你不信任宇宙，宇宙就無法幫助你。宇宙既無法阻擋你的選擇，也無法滲入你的選擇。如果你的作為比較適合用社會眼光來看待，不適合用經濟眼光來看待，你又將如何？換句話說，如果你意欲發展的事業可能更適合通往一條你還不知道的大道，你又該如何？你現在做的事之所以停滯，是因為走不到適當的路。之所以走不到適當的路，是因為你一直打開一個哪裡都去不了的門，一直敲那扇門。

你了解嗎？放棄那些你認為完全屬於報酬的東西吧！放棄！信任！創造！只做自己。其他的就交給你無形的導師和引導決定吧！

讓你的手離開方向盤，告訴宇宙「你會完成一切」。了然這一切都在你的意圖裡，時時想想這個意念。想清楚「你會完成這一切」的意義，把自己的生命交付給宇宙的那雙手。追尋真實的力量，最後一步就是把自己交給高等智慧。

身為一個物種，我們早在很久以前就覺察到有無形的導師和引導的存在，並且，每個人都有很多無形的導師在引導，而且引導得很奇妙。這種引導，我們雖然看不到，卻總是完美而平衡。此時此刻，這種引導就在進行中。由於我們已經開始變成多官，所以我們終於第一次覺察到這種引導，而且還能明確指出這些無形的導師，和他們建立起個人的關係。但是你自己的經驗依舊是適當的，永遠向著發展與引導的最高智慧前進。

所以，你要提醒自己，你永遠都受到支持，在這個世上永遠不會孤獨。你要與自己無形的導師和引導同行。你做得到的、你應該問的，和你應該說的，都要一體看待，讓自己活在這種完美的結合當中。不要怕去依靠。依靠宇宙，不論是自己的導師還是聖智，有什麼不對？你在替自己做事，宇宙和你的無形導師、引導則從旁協助。他們從來不替你做，也絕不會替你做。你要為這種依靠高興，允許你的引導和導師靠近你。

想要得到引導和協助的時候，不需要求什麼，只要認為自己已經立刻得到回應就可以了。你或許還需要工作一下，讓自己心情放鬆，準備好可以接受的狀態。你可能需要吃個飯、開車進城、做點什麼事讓自己放鬆，這樣你才能聽到或感覺到回應。但是，無論如何，你就是要相信，你一要求引導，這引導已經立刻到了你身上。

生命是結構很美妙的動力。你應當這樣看待生命。你必須信任宇宙。信任的意思是，相信周遭的一切一直在努力朝向對你最好、最適當的結果前進。這種努力沒有所謂何時，沒有所謂是否。揚棄自己的「規格」，然後對宇宙說：「你認為我必須在哪裡，就在哪裡找到我吧！」揚棄自己的「規格」，相信宇宙會提供，然後宇宙就會提供給你。揚棄一切，讓你的高層我完成他的任務。

讓自己祈禱吧！人類有無數次經驗發現自己遭遇的傷害或痛苦太過巨大，自己的力量無法承受、無法寬恕，於是他們祈禱，祈求恩賜，祈求知覺，祈求崇高的光，讓他們有力量去寬恕。

這種力量，如果沒有祈禱是不可能圓滿的。光是想要、光是意圖、光是冥思是不夠的，你必須祈禱，必須說，必須問，必須相信——這就叫「關係」。

你必須知道，你的努力就是要和「聖智」建立關係。在這種關係裡，你開始和他分享你所關切的事物；你了解有一種智慧能夠接受你說的話，幫助你在自己的物質與能量環境中，創造最有效的動力，使你恢復完整。你不要認為自己是一個人在創造。事實上，你一直受到堅定的引導，要為你的痊癒、為你的履行契約，創造最有效的方法。

在自己的想法裡，把自己的意圖和冥思都當作是祈禱的一部分。在自己的意圖和冥思中，要能夠說「我要求引導或協助」，然後認為自己得到了。要認為自己能夠得到。除了你自己負責任地選擇能量，決定怎樣將這個能量化為物質之外，祈禱也能夠幫助你召喚恩賜，將恩賜引向你身上。恩賜是無污染的意識光，是神性。祈禱帶來恩賜，恩賜使你寧靜，這是個完整的循環。恩賜是靈魂的鎮靜劑。恩賜帶來一種「知」——知道自己所經受的一切都是必須的。恩賜用這樣的了然使你寧靜。

放鬆自己，處在當下，做你該做的事，不必煩惱所謂的將來。這不是說你不必考慮自己的選擇可能帶來的後果。要去考慮選擇的後果，才算是負責任的選擇。我說「不要煩惱將來」的意思是，要強而有力地在當下創造，不要把力氣浪費在「如果怎樣就會怎樣」這種擔憂上，否則真的沒完沒了。把力量用在現在，用在當下，用在活在世間的今天，而不是明天要如何算計。

要善用所有的世俗關係，不是因為驚慌和恐懼，而是依照自己的目標，為所應為。選擇，在於時機適當，動機清楚，再加上信任。讓你的直覺引導，問問自己的感覺，然後前進。讓自己一步步擁有不問結果，但以強大的心去耕耘的自由。

不要認為宇宙做事和人一樣，因為的確不一樣。不要一廂情願照自己的想法要求宇宙聽你的。你必須相信，凡存在於地球上的東西，沒有毫無價值的；凡創造出來的生命，沒有毫無價值的。這點你可能看不到，但是沒有關係，你只要活在信任中，時機一到，事情自然各就其位，讓你看清意義。

信任使你喚起自己的惡業接受治療。信任使你穿過防衛心理，追尋自己的感情直到源頭，將那些抗拒「完整」、活在恐懼中的各方面帶到意識的光底下。朝向真實力量的這段旅程，需要你自覺所有的感受。挖掘惡業、治療惡業的過程看似沒完沒了，其實不然。你的脆弱、羸弱、恐懼，和你的同胞感受到的沒有兩樣。不要絕望；因為你的人性已經覺醒。

用心感受自己的意圖。感受你的心告訴你的事，不要感受你的思想告訴你的事。不要服侍你思想的偽神，而要服侍你的心，服侍真神。你在知識裡找不到上帝。

聖智在於心中。

對自己的同胞開放，體驗自己對他們的感受，聽聽他們的感受。你和他人的互動是你成長的基礎。害怕自己身上發現的東西，害怕別人身上發現的東西，害怕他人非說不可的話，即是拒絕宇宙給你的機會，因此也無法發現自己的力量、自己的慈悲。無法與他人建立人性關係，就無法成長。

慈悲都是彼此的慈悲。心的能量能安撫身體、鼓舞身體；而忿恨、恐懼、殘暴等低頻能量則會傷害身體。如果疏遠自己的心，對別人苛刻，那麼不但別人會受苦，自己也會受苦。對別人慈悲就是對自己慈悲。你的意識一經擴展，一旦開始覺察自己的感情，自然就會覺察到慈悲的二元效應、不慈悲的二元效應，也知道如果所作所為所感不慈悲，會對身體造成什麼傷害。

請向恐懼挑戰。害怕成長、害怕自我轉變，就是使你想避開眼前的狀況，逃進另一種狀況的原因。如果你發現，在自己擁有的東西之外，還一直需索你所沒有的東西，如果你發現，隔壁牧場的草就因為是隔壁的，所以比自己牧場的草看起來更翠綠，你就要和這種模式對抗。每次有這種模式出現，你都要清楚了解，這種模式的存在，是因為你沒有活在當下，沒有運用當下的能量動力，你讓現在的能量流失到不存在的未來。

每次一感到消極、感到停頓，你都要承認這種狀況，清醒地去除這種狀況。你要問自己有什麼感覺，再問這感覺的根源是什麼。直追這個根源，拔除這個根源，同時看清整體的積極面。提醒自己這其中還有個更大的真理，那就是，有種靈性極深刻的事物在運作。你要提醒自己，你的生命不是個意外，你是在一項契約的保護之下。

要注意自己說的話、做的行為，還有你是個怎樣的人，怎樣運用力量。換句話說，你說話、做事、建立生活力量的時候，必須時時謹記：你說自己是怎麼樣，你就是怎麼樣；你說自己怎麼樣，你就把力量放到了裡面，然後一直在監視自己有沒有照著做。如果你覺察不到自己的意圖，如果你懷疑自己可能按照另一份程序做事，你要問自己：「到底是怎麼回事？」你要檢查自己的動機。檢查自己的動機，很自然就會請來你的引導。做這種評估時，你是不會孤獨的。

信任，讓你能夠給予。給予是一種很富裕的行為。因為你給予，所以你得到。如果你是帶著判斷、限制、吝嗇去給予，你就會在自己的生命裡製造這些東西。你對別人說什麼話，別人就會對你說什麼話，這是業力法則。你怎樣愛他人、服務他人，別人就怎樣愛你、服務你。你散發的是愛、是慈悲，你自己也會蒙受其利。你散發的是恐懼、是懷疑、是拒人千里，你就會承受惡業；因為這正是你要的。

信任讓我們體驗到至福的經驗。只要你相信宇宙隨時都在回應你靈魂的需要，只要你相信你的導師和引導隨時都會給你指導和協助，你就能自在地享受你和別人的接觸，拋棄「擺布別人，保護自己」那種沉重的頻率。覺醒是一種至福狀態，而非痛苦狀態。覺醒是至福，是完全的平衡，是充滿愛的和諧。覺醒是這一切再加上其他。垂直之道意味著清明，不意味痛苦。

信任讓你歡笑。你既可以嚴肅、可以震懾，有所成長的時候，也可以輕鬆地笑，輕鬆地玩。靈性伴侶會從非人格的觀點看事情，互相幫助對方從這種觀點看待所有經驗帶來的意義。他們會為宇宙的豐滿、美好、有趣而歡笑，他們彼此都很欣賞。人格欲望的挫折在他們看來，就是靈魂在學習某些課題——有時候是重大的課題。

你每天的所作所為都在創造適當與完美的事情，你要把意識用在這個過程上，這就是信任。只是，你每一刻所做的事、遭遇的事，雖然對你靈魂的進化都是適當、完美的，但要怎樣塑造你的生命經驗，卻完全看你如何選擇。要耽溺在怨恨中，要在憤怒中耗損，要沉浸在悲傷中，或者解開這種低頻能量，都端視你的選擇。

你每做一次選擇，不論是耽溺消極，還是進駐自己內心，都完美地促進了靈魂的進化。每一條路都可以回到家。

如果你選擇憤怒、悲傷、怨恨、嫉妒，你還是會學到愛的課題，但是從痛苦、創傷、失落中學習，而且不會進化；不可能進化。不過，你也是在追尋真實的力量。你不可能放棄這種追尋，然而你卻能選擇要自覺地追尋或不自覺地追尋。因此，你可以選擇對生命難題有所回應，藉此發動靈魂全部的力量。

但是，既然我們總會進化，最後還會超越地球學校，不再需要人格和身體，不再需要恐懼、憤怒、不安這些假象，那麼我們幹嘛還要選擇垂直之道？

這點由你決定。你現在所走的路，宇宙早已知情。你經歷的痛苦、懊喪、殘暴，都可以視為你所選擇的這條路的路標。譬如，你選擇的是用嫉妒來學習，你就會很焦慮，害怕失去那些你認為沒有就活不下去的東西。因為，這種經驗就是這條學習之路的一部分。或許可以說，這條路在二十哩處和三十哩處的景物很像。

又假使說，你選擇的是用憤怒來學習，你就會遭遇他人的排斥和暴力。但如果你選擇的是愛這條路，你就會為別人所愛。如此這般，依此類推。選擇一條路，就是選擇一種經驗。從宇宙的觀點，你並沒有開墾新地。

你是要繼續追求只會帶我們走上絕路的外在力量，還是決定在自己身上建立真實的力量，並與人類已經在走的進化之路相結合？你的選擇決定了你要對自己靈魂的進化，以及對人類的靈魂貢獻出什麼樣的經驗。不論你選擇什麼，對自己的進化、對他人進化的貢獻，都是很適當而完美的，這點是真的。可是，雖然如此，為什麼要選擇不自覺之路？在這條路上，你可曾獲得自己一直在追尋的平安、滿足和充實？

我們這個物種，以及我們每個人，在進化上，對於宇宙來說，都在從五官知覺轉變為多官知覺；藉由五官探索形體界而進化，也轉變為由無形導師和引導協助、做出負責任的選擇而進化。在這個節骨眼，你希望自己貢獻什麼，經歷什麼？想到宇宙如果是冷漠的、死亡的，除了五官所覺別無他物，你會自在嗎？如果宇宙是活生生、慈悲的，你又有什麼感受？想到你和宇宙，和別的強大的靈魂，和光一起共創你的經驗實在界，然後你透過這個過程來學習，你又有什麼感受？

看看我們這個以人格能量建立的世界可能展開什麼樣的未來，再看看以靈魂能量建立的世界可能展開什麼樣的未來。你選擇哪一個？

覺察自己的感受，允許自己時時刻刻都選擇最積極的作為。一旦你開始自覺地去除消極能量，照你的內心設定意圖，一旦你開始向恐懼挑戰，釋放恐懼，選擇治療，你的人格就已經和你的靈魂結合，並且成為光的存有——完整、強大，而且內心平安。謙卑、寬恕、清明、愛，神賜予的這一切將開始生根，盛開；於是你把宇宙最貴重的禮物——心地開放的人——帶到了自己身上。

不要做身體裡的靈魂，要做靈魂裡的身體。追尋自己的靈魂，深入地追尋。創造的衝動，還有真實的力量——能量與物質之間的沙漏頸——這就是靈魂所在。試問，觸及這個所在，意味著什麼？

在靈性上成熟，真是一種精彩的體驗。

★欲應用本章節所學與深化自身的經驗，請參看〈學習指南〉第十六章。

邀約

親愛的朋友，

如果你有興趣為自己的人生創造真實力量與靈性伴侶關係，我邀請你加入我的網站SeatoftheSoul.com。這個網站包含了豐富的訊息、資源、技巧與實用練習，能支持你創造出一個洋溢著喜悅、內在平靜與有意義之關係的人生。

它是閱讀本書的完美搭配，能幫助你拓展潛能，將它發揮到極致，讓你揮灑與生俱來的天賦。

期待在SeatoftheSoul.com與你相見。

愛你的，蓋瑞・祖卡夫

學習指南

STUDY GUID

《新靈魂觀》一書，旨在盡力呈現出一個物種轉變的完整全貌：從仰賴受限的知覺與粗暴的進化方式，轉變為覺察到自己及世界的美妙，也覺察到靈性成長即是它的進化手段。

這份〈學習指南〉能幫助你從生活與日常經驗中體驗這樣的轉變。其中的練習題可以協助你以全新方式看待並欣賞自己、自身的經驗與他人。此外，指南中也提供了一些實驗，讓你能更加深入地了解各章內容，也更熟悉應用方式。它鼓勵你成為自己生活的權威，親自看看如何創造一個充滿和諧、合作、分享與敬意的生活。

你可以探索任何問題，或藉由任何練習自由進行一段時間，也可以回到本書各篇章的內容，尋求更深刻的洞見。

我的靈性成長探索之旅已長達數十年之久，至今依然每年（有時每星期）都能從《新靈魂觀》一書的概念中，獲得更深刻的體會。你允許自己進入自己與他人的層次越深，你的成長速度就越快，也越能在一己的進化與物種進化的路上，變成一個有意識、以心為中心的貢獻者。

研讀《新靈魂觀》時，可以寫日誌作為輔助理解的方式。每次讀它，你或許都能發現更深層的意義與新的領悟。你可以在日誌裡寫下自己的洞見與想法，除了幫助記憶，也能幫助你在一段時間之後看見它們的演變。

這份〈學習指南〉可以單獨運用，也可以與小組一起實踐。如果你和小組成員一起練習，我建議在你覺得自在的情況下，將自己的回答和實驗結果與他人分享。小組成員也有可能成為你的靈性伴侶。最終，新的知覺與價值觀將自然而然帶領你投入與他人的建設性合作。儘管沒有人能幫你替你自己的進化下功夫，但是類似獨狼、孤僧、隱士在孤立環境裡求道的那種日子已經結束了。

到目前為止，我們進化的開展速度仍十分緩慢。然而，此刻它正以閃電般的速度迅速發生。在幾個世代之內，所有的人都將體驗到從我們數百萬人當中出現的擴張知覺。這份〈學習指南〉不僅能幫助你認識內在擴張的知覺，也能幫助你自覺地利用它，將不可思議的新潛力，亦即真實的力量，帶入你的生命中。

〈學習指南〉的擴充資料包括影片和靜心方法，請開啟網頁 www.seatofthesoul.com/sg。

網站 www.seatofsoul.com 也提供線上支援課程與社群。

我很高興能與你一起在這個「地球學校」裡，當個學生。

第一章

《新靈魂觀》談的是一種新人類的誕生。這個誕生有一部分是不需費力的，而有一部分是富有挑戰性的。「多官知覺」的出現，亦即超越那能看見、聽見、品嚐、觸摸與嗅聞的知覺，就是不費力的。無論我們是否提出要求，它都會發生。有些人甚至會抗拒它，因為他們不想看見自己看見的東西。

多官知覺本身帶來了一種新的潛能，那就是「真實的力量」這種潛能。真實的力量是人格與靈魂達成一致。但這個新潛能不會自動來到存有裡，每個人都必須自行創造。要創造真實的力量，就必須在內在體驗到恐懼與愛的不同，然後選擇去愛，無論內在發生什麼事，例如憤怒、嫉妒、怨恨，也無論外在發生什麼事，例如另一次的「九一一」恐怖攻擊、疾病、孩子過世等——而這就屬於具有挑戰性的部分。本書會告訴你何謂真實的力量，為何它如此重要，以及要如何創造它。

進化

當我們僅透過五官的觀點來看待自然環境，形體的生存似乎是進化的基本準則，恐懼於是成了大自然競技場裡的生命基礎。此時，控制環境與環境內事物的能力，似乎最為重要，而這製造出一種影響我們每個生命層面的競爭形態。對所感、所聞、所嚐、所聽或所見一切的控制，就是外在力量。個人會產生價值觀或高或低的知覺，都是認為力量來自外部的結果。

外在力量的競爭存在於所有暴力的核心。更深入的了解，能帶領我們發現另一種力量，它愛每一種形式的生命、不會論斷，能在地球上最微不足道的細節裡，覺知到意義與目標。這就是真實的力量。

真實的力量扎根於我們存有的最深本源裡，它無法買到、無法繼承，也無法囤積。我們正從一個追求外在力量的物種，進化為一個追求真實力量的物種。獲得真實的力量，就是我們進化過程的目標，以及我們存在的目的。任何一種對進化的了解，如果其核心不走向真實的力量，都是有缺陷的。

延伸閱讀請參考網頁 www.seatofthesoul.com/sg1，進入本章節導讀的線上擴充版，內容包括影片、靜心方法，以及研讀小組的支援。

◇問題

詢問自己以下問題。對任何浮現腦海的答案抱持開放態度，若有更多想法出現，也請以開放態度來面對。你的答案沒有所謂對或錯，這些問題是設計來幫助你探索自我與自身經驗的。有時候答案會接二連三地冒出來，就讓它來吧。如果你參加小組活動，請分享你的答案，然後在離開小組之後，繼續問自己這些問題。將答案寫下來，以供日後記憶，當你日後讀到時，它們甚至能在你內在激發出更多的問題與答案。

1. 你是否認為，一個慈愛的人比卑鄙的人更加進化？為什麼？
2. 你是否曾有過多官經驗？你認為你可能有過嗎？
3. 你是否曾認為，或懷疑自己有什麼禮物可以給予他人，而你想要知道那是什麼？
4. 是什麼賦予一個人力量？誰是最有力量影響你生命的人？是威嚇你的人，還是真正關心你的人？
5. 寫下幾個外在力量的例子。你曾有一次或數次擁有真實力量的經驗嗎？請寫下來。
6. 你曾覺得自己不只是自認為的樣子嗎？例如不只這副身心？

◇練習

我是多官人嗎？

列出你認定自己是多官人的方式。例如：

- 我心裡知道，自己必須做什麼決定。
- 我有預感。
- 我重視我的洞見。
- 我使用直覺。
- 有時候我知道的比看見的多。

（摘自蓋瑞·祖卡夫與琳達·法蘭西絲所著之*The Mind of the Soul*）

◇人生課題

你可能會感到很訝異，多官知覺已經是你人生的很大一部分。你的目標是要認出它、禮敬它、對它做些實驗。多官知覺的經驗可能比你預期的更為自然。多官知覺的能力，就是能看見五官所能覺察的事物以外的東西。

每天都為下個星期立定意圖，要從日常經驗中為自己找到個人意義。敞開自己，去看看以前沒有看見的意義，並且發掘出自己的洞察，將它視為多官知覺的寶貴經驗。每晚勤做筆記、寫日誌，記錄你從多官知覺看見的東西。

一個星期結束前，寫下以下這些問題的答案：

- 你最有意義的多官知覺經驗是什麼？你從這個經驗學習到什麼？
- 你想要從日常生活發現意義的意圖，如何影響了你的經驗？請具體而明確地說明。
- 你所發現的東西，如何影響了你對自己和他人的觀點？請舉例說明。

現在，利用另一個星期的時間，每天立定同樣的意圖。每晚勤做筆記、寫日誌，記錄你從多官的觀點看見的東西。

最後，寫下以下問題的答案：

- 對自己的多官知覺敞開之後，你發現了什麼關於自己的改變？請具體而明確地說明。
- 你生命中第一個認出的多官經驗是什麼？
- 在你人生的多官經驗裡，什麼是最有意義的例子？

◇實用圖示

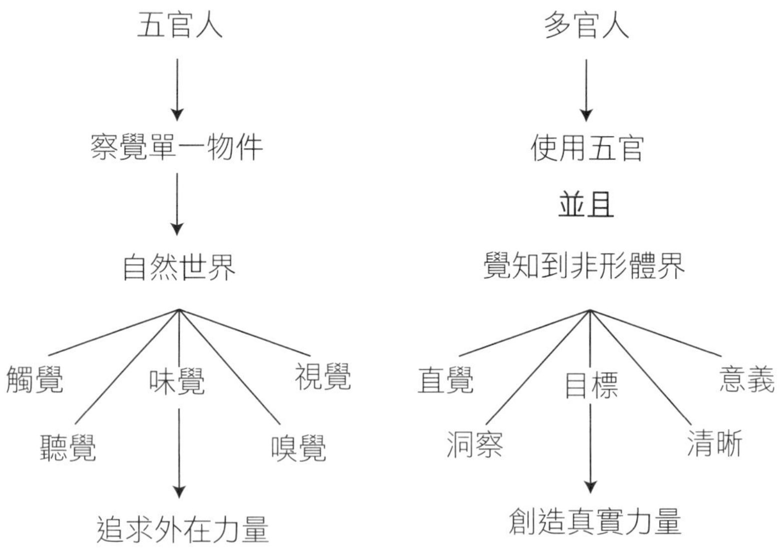
五官人
察覺單一物件
自然世界
觸覺
味覺
視覺
聽覺
嗅覺
追求外在力量
多官人
使用五官
並且
覺知到非形體界
直覺
目標
意義
洞察
清晰
創造真實力量

第二章

本章是關於你的理智與五官，他們是有關聯的。你的五官為你的理智提供資訊，也就是那些你所見到、聽到、嚐到、觸摸到與嗅聞到的。你的理智會比較、分析這些資訊，推論、斷定關於它們的一些事，然後告訴你如何活命，而且維持舒適。

你的理智無法理解不是來自五官的資訊，而那正是多官知覺提供給你的那種資訊。它對你的理智來說是「沒道理的」，我們將這類資訊稱為「沒邏輯」或「沒道理」，例如，從你的人格觀點來看，活在不同時間與地點的你的靈魂，擁有其他人格經驗——就是這類資訊。然而，我們現在所需要的恰恰是這類資訊，才能創造一個健康的、獲得真實力量的、有建設性的生活。

你的理智甚至無法想像這種全新的狀況。本章談的就是這種狀況。在東方，這稱為「業力」，在西方，它稱為「黃金律」。

業力

想創造真實的力量，你必須為你製造的一切負責。宇宙的因果法則會告訴你，你其實已經在為你創造的一切事物承擔責任，而這樣的認識能為你帶來強烈的誘因，讓你想利用你的選擇去創造健康而有建設性的經驗。

業力法則就是：你導致他人體驗到的東西，你或你靈魂的另一個人格也將會體驗到相同的東西。反過來說，你靈魂的其他人格在他人經驗裡製造的東西，你也同樣會體驗到。業力，是教導責任的非人格宇宙老師。當你了解到你的經驗是業力的必然結果，你就比較不會將它視為個人的遭遇，而出現憤怒、義憤填膺、論斷等反應（記住，「不要論斷人，免得被論斷」）。這也表示，你能為自己和你靈魂的其他人格創造較少的痛苦經驗、更多的喜悅經驗。

當你憤怒、想要論斷時，能夠做出有智慧與負責任的選擇，你就是有自覺地進入了靈魂的進化過程（你也創造出真實的力量）。

延伸閱讀請開啟網頁 www.seatofthesoul.com/sg2，進入本章節導讀的線上擴充版，內容包括影片、靜心方法，以及研讀小組的支援。

◇問題

問問自己以下問題。如果你對問題出現強烈的反應（例如變得想去論斷、不屑、感謝、驚奇、獲得證明等），將這些反應記錄下來。如果你在小組裡，請與小組成員分享你的答案，並帶著開放的心傾聽同伴的經驗分享。將答案寫下來，以供日後記憶。

你可能會發現，有些答案會隨著時間改變。

1. 過去一個星期以來，你有多少次感到憤怒、怨恨、遭到背叛，或是感到優越、自卑等，然後對這些情緒採取行動？
2. 你是否曾問過自己：「為什麼是我？我做了什麼要承受這一切？」舉一些例子並寫下來。
3. 有多少次，你覺得受到傷害，而且也想傷害那個你覺得該為此負責的人？
4. 如果你知道你遭受的傷害，肇因於你出生前的好幾個世紀，你仍會做出同樣的行為嗎？
5. 你對自覺地為自己與你靈魂的其他人格創造幸福經驗的可能性，感覺如何？想像你可以怎麼做。寫下所有浮現的想法，然後經常回顧。選擇你打算帶進生活中的經驗。

◇練習

友善的一週

在這個星期，特地花一些心力看看你能否友善對待你所遇見的人。將這份友善拓展至和你講電話、寫電子郵件或書信往來的人。然後，注意你的感覺，注意它對你的生活有什麼影響。與他人分享你的經驗，如果他們沒有做這個練習，可以邀請他們加入你的行列，並且和你一樣分享自己的經驗。

（摘自蓋瑞．祖卡夫與琳達．法蘭西絲所著之 *The Mind of the Soul*）

探索黃金律

回憶是否曾有什麼事發生在你身上，讓你感到又驚又喜，例如收到意外的禮物或意外獲得友好的對待。問問自己：「我是否也曾以類似的方式，帶給他人驚喜與快樂？」

回憶是否曾有某件事發生在你身上，讓你感到震驚與受傷，例如當你遭到背叛，或某人對你咆哮。問問自己：「我是否也曾以類似的方式，讓他人感到震驚與受傷？」

你是否曾想過，你正在經歷的東西，無論喜悅或痛苦，都是你或你靈魂的另一個人格做過的選擇所帶來的後果？思考這些問題能讓你獲得啟發，讓你與生活上遇到的人產生更深刻的連結與對話。

（摘自蓋瑞・祖卡夫與琳達・法蘭西絲所著之*The Mind of the Soul*）

它是業力經驗嗎？

回想你是否曾察覺到自己正在、或可能正在經驗業力？一種讓你察覺到它是與你所創造、或你靈魂另一個人格所創造的業力有關的經驗。它如何影響你的生活？或許是你察覺到這個經驗背後還有更多東西……有比你能確切形容的更多東西正在發生。

自行探索或與他人一起探索這種情況。問問你的直覺，知道這一點對你的靈性成長有何幫助。如果你不曾有過這樣的經驗，想像你對這種經驗會有何感覺。

第三章

過去，敬意代表著將例如神性的某種東西、或者例如聖人的某種人，置於超乎人類經驗的位置。現在，我們可以用我們的眼睛、耳朵、鼻子、味覺與觸覺無法測得的方式去感知自己與他人。

我們不會將五官告訴我們的、關於一個人的種種資訊（如他的性別、膚色或國籍等），與他的本質混淆。五官人不會將一個人所穿的衣服（如西裝、晚禮服或工作服等），誤認為就是那個穿著衣服的人。同理，多官人也不會將「地球外衣」（如一位白人美國藝術家，或一位黃種泰國僧尼，或者一位非洲老師），和穿著這套外衣的靈魂混淆在一起。

多官人會以一種五官人所不會的方式來感知海洋、森林、沙漠與山岳。與一個人或一個東西的本質產生連結，就是一種多官經驗，就是敬意。敬意與尊敬不同。你可以尊敬一個人而不尊敬另一個人，但是卻無法對一個人懷著敬意而不對每個人懷著敬意。

敬意

敬意是看見外表之下的內在本質部分。敬意是連接上一個人之所以是他，或一件事之所以是這件事的真實力量與本質所在。它是一種神聖的知覺，它是認出人格只是地球外衣、並將注意力從地球外衣轉移到那個穿著這件外衣的東西上，而那就是靈魂。

敬意就是接受所有生命本身都是神聖的。若沒有敬意，我們會變得殘酷而具有破壞性，而且會為自己製造出痛苦的業力。懷著敬意的人，將能自動避開缺乏敬意的行為所造成的嚴重業果，而每個懷著敬意的行為，都將朝著與其靈魂有所共鳴的方向邁進一步。

靈魂對所有生命都懷抱敬意。一個懷著敬意的人能看見並且榮耀神性的一切形式。帶著敬意生活，就必須挑戰不重視生命之五官世界的價值觀與知覺。成為懷抱敬意的人，本質上就是成為一個精神性的人。

延伸閱讀請開啟網頁 www.seatofthesoul.com/sg3，進入本章節導讀的線上擴充版，內容包括影片、靜心方法，以及研讀小組的支援。

◇問題

利用這些問題，將注意力放在你的敬意經驗。讓它們激發你內在新的知覺與新的洞見。

1. 你有多常因為身邊人的膚色、外表、穿著、信念、行為與財產而論斷他們？（有時這個問題很難回答，因為你太熟悉人格裡論斷他人的那些部分，導致這些論斷看起來根本不像論斷，反而像事物實際的樣子。因此，至少花一天的時間觀察你有多常論斷他人或自己，然後當你注意到這個現象，將它記下來。）
2. 當你認為別人也因為同樣的理由在論斷你的時候，你注意到了嗎？寫下或分享你的觀察所得。
3. 人們能夠像贏得你的尊敬那樣，贏得你的敬意嗎？請注意你對他人感到敬意，以及你對他人感到尊敬的感覺。可能的話，寫下你注意到的東西並與他人分享。
4. 你是否在所有形式的生命中看見了神性？
5. 你想這麼做嗎？花一兩天的時間，看看你是否能察覺到你所見一切的神性。

◇練習

你能用不一樣的眼光來看嗎？

（如果你和別人一起練習，可以一個人朗讀步驟，另一個人閉上眼睛。）

- 回想一個你認識已久，但覺得不親近，而你現在想要與他親近的人。對你的朋友，你感到比他差或嫉妒他嗎？或者感到比他好、對他有所論斷？為何你會覺得跟這個人有距離？
- 你是否一直以來都只看見了你朋友的地球外衣？
- 你是否一直以來都只注重他做的事或他的穿著打扮？
- 你是否覺得，你無法溝通是因為曾經有過誤會或爭吵？
- 你和他有距離，是因為生命已經帶領你朝向不同的方向嗎？

現在，帶著一顆開放的心，接受以不同眼光看待朋友的可能性。立定意圖要看見你朋友表面那件**地球外衣**底下的東西。至少花十五分鐘的時間做這個練習。

想像你朋友的樣子。提醒自己，你不知道所有進入你朋友生命裡的東西是什麼……不知道他面臨的挑戰、他的恐懼、他的喜悅、他的害怕。

記住，你是一個靈魂，你的朋友也是。

如果你閉著眼睛，請張開眼睛，注意你現在對這位朋友有什麼感覺。你感覺到慈悲心了嗎？如果沒有，請不斷重複做這項練習，直到你的感覺開始改變，從封閉轉變為開放、從僅僅視你朋友為一個人格，到了解你朋友是個穿著地球外衣的靈魂。當你的恐懼、論斷與藐視消失，敬意生起時，去感受這個瞬間。

（摘自蓋瑞・祖卡夫與琳達・法蘭西絲所著之 *The Mind of the Soul*）

◇人生課題

這個星期，立定意圖要懷著敬意來看待每個人、每件事，包括你和自己親近的人、相識的人、僅有一面之緣的人，以及你覺得有距離的人之間的關係。每天早上立定這個意圖，在一天當中，只要你一想到就這麼做。

在一星期結束之前，寫下這些問題的答案：

- 過去一個星期以來，懷著敬意看待一切事物幫助你了解了什麼？請舉例說明。
- 藉著謹守這個意圖，你創造了什麼？請具體說明。

◇練習與問題

利用以下問題幫助你探索「敬意」這件事：

1. 你的靈魂對生命的一切形式皆懷抱敬意，包括你。你對自己懷著敬意嗎？
2. 對你自己懷著敬意是什麼意思？
3. 對你自己懷著敬意，是自戀嗎？你人格裡的一些立足於恐懼的部分可能會覺得那很自戀。覺察到這一點十分重要，如此你才能分辨出自戀與對自己懷抱敬意有何不同。
4. 對他人懷抱敬意是什麼意思？

5. 如果「敬意」就是認出一個人或一件事的本質，你怎麼能夠對某人的本質懷著敬意，卻不對自己的本質懷著敬意呢？
6. 如果你對一切人事物都懷著敬意，你的生活會變得有何不同？

第四章

你的情緒非常重要，如果沒有覺察到它們，你就無法在精神上有所成長。這顛覆了我們多數人對情緒的看法。我們以為情緒沒有實用價值，它就像盲腸一樣只會造成我們的痛苦，所以割除它不會有什麼損失。

但是，當你割除了情緒，就失去了一個美妙的寶物。你的情緒是來自靈魂的訊息，為你帶來無價的資訊。如果你沒有接收到這些訊息，它就會一再被傳遞。不只是令人愉快的、幸福的情緒會為你帶來重要資訊，甚至痛苦的情緒，包括最難以承受的情緒，也能為你帶來重要的資訊。換句話說，靈性成長這條路，必須透過你的心來走。

唯有透過情緒，你才能體驗到自身靈魂的力場。你的情緒會告訴你，你人格的哪些部分是有愛的，而且當你據此行動就會製造喜樂的結果；它也會告訴你哪些部分是恐懼的，而且當你據此行動就會製造痛苦的結果。

當你變成一個靈性人，你會轉而以心為中心。許多人覺得「以心為中心」代表著情緒脆弱、多愁善感，但那其實是「以心為中心」的反面。變成以心為中心，意味著選擇從人格裡愛的部分來行動，而非從人格裡恐懼的部分來行動。

換言之，就是從不自覺地受恐懼的情緒控制，變成自覺地選擇從以愛為基礎的情緒來行動。若能這麼做，你就能開始改變你的生活、你的未來，還有你的世界。

心

我們從五官物種進化的那種邏輯，無法有意義地呈現靈魂的存在、呈現超越時間的進化，或是那個製造、連接許多前生後世的業力之無形動力。因此，追求更高等邏輯與了解的時候到了。這種高等邏輯與了解的創造，有賴於密切留意你的情緒，而這需要用上你的心。

你的情緒會告訴你，你人格的哪些部分和靈魂是一致的、哪些部分是不一致的。若缺乏對情緒的覺察，你就無法看見隱藏在情緒背後的動力，也無法了解這些動力有什麼目的。

只有一顆懷著慈悲的心，才能處理邪惡。邪惡就是沒有光、神性或「聖智」。治療「沒有」的處方就是「有」。只有心能夠為沒有光的地方帶來光。因此，只有心能直接處理邪惡。了解邪惡就是沒有光之後，你便能看見，消除邪惡的入手處，就在你自己的內在。

延伸閱讀請開啟網頁 www.seatofthesoul.com/sg4，進入本章節導讀的線上擴充版，內容包括影片、靜心方法，以及研讀小組的支援。

◇問題

從現在開始覺察你的情緒，利用它們創造真實的力量。這不代表要停止使用理智，相反地，你要越來越自覺地使用它，讓它更常為心效勞、為愛效勞，而不是不自覺地為恐懼效勞。

1. 你是否曾想過，你的情緒不只是用來作為「戰或逃」的生存手段？你內心遭遇過什麼樣的情緒是以恐懼為基礎？你曾在自己身上體驗過什麼樣的情緒，讓你覺得是來自於愛？
2. 「高等秩序的邏輯與了解」對你而言是什麼意思？寫下你的想法，以供稍後參考。
3. 你是否曾想過，邪惡就是沒有愛？如果這是真的，這對你來說代表了什麼意義？寫一些關於這件事的理解，然後發自內心與一些保持開放態度的人分享。

4. 你是否曾想過，消除世上邪惡的入手處就在你的內在？當你深思這個概念，寫下浮現在你腦海的想法與洞見。如果這是真的，你會如何消除內在的邪惡？

◇練習

用你的心選擇意圖

接下來的一天或一個星期，在你選擇做某件事或說某些話之前，問問自己：「我為什麼想要做這件事或說這些話？」

- 它能創造和諧嗎？
- 我是不是在做或說一些讓我的心感覺很好的事？
- 我是不是在做或說一些我的頭腦告訴我的事？

將答案寫在日誌裡。

在你自己這麼做之後，邀請他人加入你的行列，一起做這項練習並彼此分享。

（摘自蓋瑞・祖卡夫與琳達・法蘭西絲所著之 *The Mind of the Soul*）

打開你的心

想著你對某人感到愛與開放的時刻，藉此打開你的心，例如與你的孩子、孫子、伴侶、朋友或陌生人之間的特殊邂逅。回憶當時的情況，回想你當時在心的什麼部位感受到這份情感。

下次當你覺得心扉緊閉的時候（你的胸口會不舒服），即使你覺得緊縮，也讓自己去體驗胸口不舒服的感覺。深呼吸，同時回憶那個特殊時刻。持續打開你的心、深呼吸，直到開始感覺放鬆，即使只有一點點也好。打開心扉的時候，請求你的直覺指引你。

將這項練習當作一項挑戰，挑戰你人格中讓你對自己與他人關閉心扉的、那個以恐懼為基礎的部分。

（摘自蓋瑞・祖卡夫與琳達・法蘭西絲所著之 *The Mind of the Soul*）

◇實用概念

當一個意圖來自你的心，它會將心的能量帶入你的行為，創造出你的經驗。如果你的意圖不是來自你的心，它就會將恐懼帶入你的行為，創造出你的經驗。你必須要覺知到你的情緒與思想，才能認出這些差異。你的心是開放的、接受的、有創造力的、落實的，這感覺很棒，而且讓你感到放鬆。恐懼是沒耐心、義憤填膺、緊閉的、防衛的，這帶來痛苦，而且無法容忍差異。你的心會包容一切，恐懼則是排除一切。你的心讓你與整體能夠保持聯繫，整體就是生命。若沒有你的心為你照亮旅途，就會變成一場可怕的經驗。

以下是一個迷你檢查表，讓你用來提醒自己：你的心是打開的，還是緊閉的：

緊閉的心	**開放的心**
感情脆弱的	清明並且落實
排外的	包容的

第五章

請求直覺的指引，就和問你自己一個問題一樣簡單，特別是像「我為什麼對這種情況感到這麼沮喪？」「為什麼這次互動會影響我那麼多？」，以及「從這次經驗，我可以學到什麼關於自己的事？」這類問題，總是能招來指引，指引總是會來。

為什麼呢？你的理智與五官無法解釋直覺，也無法將直覺顯示給你看，但你可以親身體驗直覺。它是你的洞見來源，能幫助你停留在地球學校，表達你的創意，並且帶來靈感。它讓你因慈悲與智慧而獲益，而這份慈悲與智慧遠大於我們所能給予他人或從他人那裡接收到的。

直覺是個人真理與非個人真理的基礎，想要接觸直覺並享受直覺，對我們而言是很自然的事。五官人不認為直覺值得正式研究。有時候，多官人會認為他們比較優越，因為他們擁有直覺能力，結果導致他們以一顆封閉的心來使用直覺。然而，那些創造出真實力量的多官人，卻依賴著它。對他們而言，直覺是做決定的最主要官能。

直覺

直覺是超越形體感官、意在協助你的一種知覺。它是讓你的多官知覺之所以「多官」的東西。多官人能自覺地與高等智力溝通，他們能接觸到慈悲的非個人幫助。多官人能將洞見、直覺與靈感等視為一種提醒或連結，來自或連結上一個遠遠大於他們自己的觀點。

他們利用這份指引來幫助自己創造出真實的力量。你的高層我是你內在靈魂的一個面向，透過你的高層我與你的靈魂溝通，能創造個人真理，那是只對你一人有效的真理，這是一種「內部」的直覺過程。而如果是透過你的高層我先與其他靈魂溝通，而不是與你自己的靈魂溝通，則可以創造出非個人真理，一種對任何接觸到的人來說皆屬真實的真理。這就是從直覺頻道接收訊息。

多官人格依賴著從他們的高層我接收到的真理、透過高層我接收到的真理，以及從他們自己的靈魂與比自己更高等的靈魂那裡接收到的真理。

延伸閱讀請開啟網頁 www.seatofthesoul.com/sg5，進入本章節導讀的線上擴充版，內容包括影片、靜心方法，以及研讀小組的支援。

◇問題

潛入你的記憶或創造力，找出這些問題的答案。如果你在小組裡，請與你的靈性伴侶分享你的答案，敞開心胸，從人們與你分享的內容去學習一些關於你自己的事。

1. 你是否曾產生突如其來或意外的洞見？你對這些洞見採取行動了嗎？因為你的行動，或者不行動，發生了什麼重要的事？你覺得是什麼阻礙了你？
2. 你是否曾經突然被一個對你一向非常有意義，或變得非常有意義的想法、計畫或可能性給啟發？
3. 你是否曾發現自己對錯待你或他人的人產生了慈悲心，即使你依然不喜歡或不同意那個人的所作所為？
4. 你是否曾覺得自己獲得了看不見的協助或幫忙，但你可以感覺到它們的存在？
5.「你不孤單」，以及「你能透過直覺接觸愛的指引」，這樣的想法吸引你嗎？

◇練習

諮詢直覺的每日練習

當你想對任何事做出慣性反應的時候……

- 我覺得不堪負荷（太忙、沒時間等。）
- 我很難過（憂鬱、狂躁、不耐煩等。）
- 我丟了工作（痛恨老闆等。）
- 他令我失望（背叛我、欺騙我等。）
- 我覺得自卑（隱形人、沒價值等。）
- 我的車子拋錨，讓我覺得懊惱（班機取消等。）
- 我覺得自己理當有權利（優越感、比別人更好等。）

問問自己：

- 我可以如何從這樣的反應中認識我自己？
- 我如何脫離我人格中正在反應的那部分對我的控制？
- 我如何改變觀點，從恐懼轉變為愛？

傾聽答案的來臨。

它會來的。

◇人生課題

在這個星期的每天早上，立定意圖要敞開自己接受直覺的幫助，這份幫助永遠隨時供你取用。問問自己需要幫助的問題，然後傾聽答案的出現。答案可能會立刻出現，也可能稍後才出現，但它們一定會出現。

你可以問的一些問題如下：

- 我和兒子或女兒的關係如何變得更好？
- 我如何更快覺察到人格裡的恐懼部分？
- 當我領悟到自己陷入權力鬥爭時，我如何更快地負起責任？
- 我如何以最好的方式完成一個令我感到困惑的計畫？
- 我如何治療人格裡那個對財務感到不足的部分？
- 什麼是我和岳母（孩子、配偶、老闆、男朋友、鄰居等）說話的最好方式？
- 我可以從自己那不堪負荷、憤怒、嫉妒、過度反應的經驗學習到什麼？

寫下你的答案，並沉思這些答案，對這些答案敞開心扉。留意直覺的了解或洞見如何來到你身上，也對其他方式抱持開放的態度。當你說話的時候，傾聽你在說什麼，以及別人在說什麼。記住你的夢，對它們靜心冥思。

在一星期結束之前，寫下以下問題的答案：

- 你是否覺得，這份人生課題幫助你更進一步發展你使用直覺的能力？如果是，請分享這個過程。如果否，問問你的直覺，該如何發展使用直覺的能力。要有耐心，你的答案會出現的。

- 你問了你的直覺什麼問題？你得到什麼答案？那以什麼方式幫助了你？
- 寫下這個星期以來，你學習到關於你自己的事情當中，以及關於你的直覺能力當中最重要的一件事。
- 與一個願意開放地接受一己直覺指引的人分享這件事。

◇人生課題

這個星期，花兩天時間追隨你的直覺。如果你無法花上一整天，在一天或幾天的時間裡找出幾段時間來做即可。將這件事排入時程表（為你和你的直覺預約約會的時間）。在一天當中，隨時寫下你的經驗。在這一天結束前，在日誌裡回答這些問題：

- 你何時追隨了你的直覺？你何時抗拒了你的直覺？請具體明確地說明。
- 你的直覺會令你感到驚訝嗎？
- 你追隨直覺的時候，發現了什麼關於自己的事？
- 做直覺實驗的時候，什麼是你最重要的體驗？

第六章

多數人都覺得自己和別人是由一堆「東西」組成的，例如肌肉、神經元、器官、大腦、手、腳等。這種想法是五官知覺的產物，只能偵察到我們看見的、聽見的、嚐到的、嗅到的。我們物種的知覺正從一個無形體光的光譜範圍，擴展至另一個更高頻率的範圍——這就是多官知覺的崛起。

隨著我們變成了多官知覺，我們會發現，我們與其他的一切事物都是由光構成的。光、意識、愛、生命與聖智，都只是同一個東西的不同字眼，我們就是它。

你的絕大部分是存在於非形體界，因此你大多數的互動也是發生在非形體界。你的影響力遠遠延伸至五官的領域，而且是當下發生的。你所做選擇的後果，以及你感覺到的情緒，無論在何處都一直影響著他人。

而從你的人格散發出來的能量，包括恐懼，跟隨的是自然光之道，它們不是當下的；你靈魂的無條件之愛才是當下的、宇宙性的、無限的。當你的人格與你的靈魂變得一致，你就將你靈魂那無條件的愛帶進了地球學校。

光

你是一個光的系統。你的光的頻率取決於你的意識。當你轉變意識，你就改變了光的頻率。情緒就是不同頻率的能量之流，例如報復、暴力、貪婪與利用他人等念頭，會創造出低頻的能量流，如憤怒、仇恨、嫉妒與恐懼等。至於愛、創造力與關懷的念頭，製造的則是高頻的能量流，如欣賞、原諒、感謝等。

你對思想的選擇，決定了你增強或釋放的是哪一種情緒能量流。改變你的想法，就改變了光的品質、你經驗的本質，以及你對他人的影響。我們的進化過程正在進入一個光的高頻範圍，這表示我們正在變成多官的。我們將開始覺察到我們靈魂的光，並且能夠與我們看不見的各種形式的光溝通，例如無形體的導師。無形體的導師會在你的靈魂進化的各階段協助你，但是他們無法為你做決定，也無法改變你的業力。

延伸閱讀請開啟網頁 www.seatofthesoul.com/sg6，進入本章節導讀的線上擴充版，內容包括影片、靜心方法，以及研讀小組的支援。

◇問題

問自己一些問題，以增加你對身體的不同經驗，以及據此行動有何後果的覺察。當恐懼能量反映在你的身體裡，是一種痛苦的感覺，這就是一種低頻能量流的經驗，據此行動會製造出破壞性的後果。當愛的能量反映在你的身體裡，則是美妙的感覺，這是一種高頻的能量流，據此行動能製造出建設性的結果。

1. 當你生氣或嫉妒，或一心想報復的時候，你的身體是感覺很好，還是感覺痛苦？
2. 當你根據這些情緒行動時，會製造出什麼樣的後果？
3. 當你覺得感謝、欣賞或滿足的時候，你的身體感覺很好，還是感覺痛苦？
4. 當你根據這些情緒行動時，會製造出什麼樣的後果？
5. 你比較喜歡哪一種後果？

◇練習

每一種情緒都是一則訊息

如果你和別人一起練習，請為你的同伴朗讀這項練習的做法。如果你是獨自練習，讀完這項練習的做法之後，盡量逐項照做。你可能會很吃驚，自己竟然能記住這麼多細節，而且記得這麼正確。

回憶自己曾經出現強烈情緒的某個時刻，例如憤怒、嫉妒或怨恨。閉上眼睛，回到那個時刻。

花幾分鐘時間感受當時的情緒帶給你什麼感覺，以及現在帶給你的身體什麼感覺。當時和現在，你在身體的哪個部位出現這種感覺？例如胸膛、胃部、骨盆、頸部、喉嚨等。

回想你體驗到這份情緒時，出現了什麼樣的念頭？例如，假設你當時很生氣，你在責怪自己或某人，或某個情況嗎？

你做了什麼行為？

回想自己體驗到這種情緒時，你說了些什麼話。例如，你心存怨恨，你是否說了一些傷人的話？

你當時可以做些什麼不同的行為？

現在，你可以從這個經驗認識到什麼當時無法認識到的、關於自己的事？

我的朋友瑪雅．安潔羅說：「你認識得更多，就會做得更好。」（When you know better, you do better.）

◇實用概念

我的情緒來自我的能量處理系統，

不是來自我與人事物的互動。

每一種情緒都是給我的訊息。

那是來自我靈魂的訊息。

我若據此反應，

就是忽略了那些訊息，

例如

責怪自己、他人或整個宇宙。
如果我不接受這些訊息，
它們會一再回來，直到我接受為止。

◇練習

你的靈性導師

想像你的情緒是由你的靈性導師發送給你的。那些帶來痛苦身體感受的情緒，是要告訴你，光的低頻能量流會給身體帶來感覺，好讓你避免據此反應而為自己製造出破壞性的後果。

至於那些帶來美好身體感受的情緒，則是要告訴你，光的高頻能量流會帶來什麼樣的身體感覺，好讓你能據此反應，而為自己製造出建設性的結果。

在一天的時間裡，練習傾聽你的靈性導師傳來的訊息，寫下你的發現。與想和你一起練習的同伴分享。

第七章

你是否曾想過，一己經驗的創造是由因果法則所掌管的？形體界的因果法則掌管了形體界的因與形體界的果，例如發射火箭，讓它降落在月球上這種事。宇宙的因果法則，則掌管了無形體之因所製造的形體與無形體之果。如果你沒有覺察到宇宙的因果法則，以及它運作的方式，你會一如以往地持續創造，但是不會創造出你想要的東西。你的意圖就是創造你自身經驗的無形體之因，這是你生命中必須記住的最重要的事。你可以做做實驗，看它是不是真的。在自己的生活中實驗，不但能讓你獲得自由，還能進而創造出不同的結果。你必須在每一刻覺察到你的意圖，然後尋找它們與你遭遇的經驗之間的關聯。

你越能覺察到自己的經驗，就會在它們之間看到越多關聯，也就越能夠自覺地選擇生活中想要的經驗。這就是「自主性」的發展過程，這就是創造真實的力量。

意圖（一）

光存在，而意識會塑造光，這就是創造。你是光的動態存有，藉著意圖傳遞訊息給你身上流通的光。

意圖就是行動的理由，是意志的運用。意圖啟動了行動過程，影響著你生命中每個面向。形體的實在界與其中一切事物都是光系統內的光，而這個光和你靈魂的光是同樣的光。形體物質是光的稠密層次。我們正在進化為一種能夠覺知到自己是光的存有，並以智慧和慈悲自覺地塑造光的物種。

你透過意圖創造自己的實在界，這是多層次的創造，包括了個人、家庭、工作或學校、生活中遇見的人、州或區，文化、國家、種族、性別、人類靈魂。沒有兩個人的實在界完全一樣，當你從實在界層次向外移動，就會變得越來越非個人。地球學校共有的形體實在界是一種流動的廣大意識，在其中，每個人獨立存在，同時和他人相互依存。

延伸閱讀請開啟網頁 www.seatofthesoul.com/sg7，進入本章節導讀的線上擴充版，內容包括影片、靜心方法，以及研讀小組的支援。

◇問題

1. 欲望和意圖有什麼不同？

2. 一般而言，你是否覺察到自己的意圖？
3. 如果你早知道意圖會創造你的實在界，你會多加留意它們嗎？
4. 除了你自己以外，你能想到任何能在你開口或行動當下就知道你意圖的人嗎？
5. 你和每一個形體形式都是和你的靈魂之光同樣的光，這種概念你覺得如何？

◇練習

基本修習

做任何不確定動機的事情之前，問問自己：「我做這件事有什麼意圖？」然後，等待答案的出現。

連續進行數天，看看你的經驗有何改變。寫下你的發現。如果你發現它對你有幫助，將它當作每日的修習。

（摘自蓋瑞．祖卡夫與琳達．法蘭西絲所著之 *The Mind of the Soul*）

◇人生課題

在未來的一星期或更長的時間裡，每當你要做出慣性反應時，問問自己：「我的意圖是什麼？」譬如，當你感到不耐煩、防衛心重、生氣或陷入權力鬥爭時，請立刻停下來問問自己：「我的意圖是什麼？」不是那個你認為自己為自己定下的意圖，而是那個潛藏在你不耐煩、防衛心、憤怒或權力鬥爭背後的真正意圖。

去感受身體上能量處理中心周圍的感覺，然後決定接下來要說什麼或做什麼。問問自己：「現在，什麼是對我最健康的選擇？」

在皮包或口袋裡放一本筆記本，寫下你的發現。

如果你和小組一起練習，請和你的靈性伴侶共同分享你學到了什麼關於意圖的事，或分享你的問題。

第一個星期過去之後，在日誌上寫下你對這些問題的答案。

- 到目前為止，你有什麼發現？
- 與其從你人格的恐懼部分來反應，你做了哪些健康的選擇？
- 在你就快做出慣性反應卻停下來問「我的意圖是什麼？」的那一刻，你發現了什麼關於意圖的事？請舉出具體的例子。
• 你最常出現的反應方式是什麼？換句話說，你人格裡的哪些恐懼部分最常變得活躍？
• 如果你和別人一起研讀，你從與靈性伴侶分享的過程中學到了什麼？

在第二個星期，想想你到目前為止做過的選擇，看看你是否能成功分辨出你的表面意圖和一般意圖（例如，實質上的目標）與你的深層意圖（你為什麼要做這件事）有何不同。別忘記持續地問自己：「我的意圖是什麼？」每次你即將做出反應的時候，反問自己：「現在，什麼是對我最健康的選擇？」

如果你參與小組，繼續分享你對意圖的所學或你的問題。

第二個星期之後，在日誌上寫下你對這些問題的答案：
• 你能否分辨出你的表面意圖或一般意圖和你的深層、根本意圖？請舉例。
• 在這個星期，你對意圖和你自己有什麼樣的發現？
• 從與他人的互動中，你學到什麼關於意圖的事？

第八章

你對意圖的選擇，創造了你的經驗。當你遭遇到你的選擇所創造的經驗時，你必須再度選擇一個意圖。接著，這個過程會一直持續下去，直到你的靈魂離開地球學校為止。

你若選擇了相同的意圖，就會創造出相同的結果，這在東方稱為「業」，在西方則稱為「黃金律」。當你選擇了不同的意圖，就會創造不同的業。藉著選擇來自愛（而非恐懼）的意圖，你便製造了喜悅的業，而不是痛苦的業。

業教你對自己所選擇的意圖負責，而你會按照自己的速度來學習這個課題。你會持續多久為自己製造痛苦的業，取決於你會持續多久選擇恐懼的意圖。選擇完全在你，而每個選擇背後的意圖也將為你製造出更多的經驗。

你所說的每句話都帶著智能，因此它也是一個塑造出光的意圖。當你選擇與你的靈魂一致，而不是與人格一致，你便會創造出反映你靈魂而非人格的實在界；當你選擇以愛的意圖而非恐懼的意圖來回應生命遭遇的困難，你便創造出「地上的天國」。

意圖（二）

這一生沒有學習到的，將會和新興的課題一起帶入下一生供靈魂學習，這就是靈魂進化的方式。靈魂的業力將會在出生時決定一個人的人格特質，包括它的意圖。

意圖最主要有兩個：愛與恐懼。出生時人格的意圖將塑造光，這道光會流經你的人格而進入實在界，而這個過程對靈魂的進化是最為理想的狀態。人格對其意圖的反應會變成靈魂的額外業力，這種情況會持續下去，直到它的意圖改變為止。

這需要的是意識。將意識引進創造過程的循環，讓你能夠將恐懼的意圖轉變為愛的意圖、改變業力，為形體物質注入神聖的意識。靈性伴侶，是為了創造真實力量而在平等的人之間形成的夥伴關係。靈性伴侶會覺知到他們的靈魂，而且會致力於將靈魂意識帶入他們的意圖設定過程，並協助彼此這麼做。

延伸閱讀請開啟網頁 www.seatofthesoul.com/sg8，進入本章節導讀的線上擴充版，內容包括影片、靜心方法，以及研讀小組的支援。

◇問題

1. 這些問題對你來說新奇嗎？哪些方面新奇？對你最實用的是哪些？
2. 你是否想過，你以意圖所製造的業，就是你靈魂的業？
3. 你是否想過，你的經驗就是在平衡你靈魂的能量？
4. 如果你的生命經驗真的是形成業力所必須的，你是否會允許你人格的恐懼部分對它們做出反應（並製造出破壞性的、痛苦的業力）？
5. 你想為自己製造什麼樣的業？幸福的或痛苦的？
6. 為了這麼做，你需要什麼來改變你自己？

◇實用概念

透過果實辨識一顆樹

你永遠可以透過果實，來辨識一棵樹。

同理，你永遠可以透過你的經驗，來辨識你的意圖。

（摘自蓋瑞．祖卡夫與琳達．法蘭西絲所著之 *The Mind of the Soul*）

你吸引到什麼？

花一些時間想想在你生命中的人。一般而言，他們是不是有以下特徵：

- 取悅他人，好讓自己感覺更好？
- 喜歡聊是非？
- 熱愛生活？
- 不了解為何一些事會發生在他們身上？
- 想要報復？
- 憤怒卻不大聲說出來？
- 豪爽地付出？

◇人生課題

這份課題是關於潛藏的動機：它們是什麼、如何認出它們，以及它們能告訴你哪些關於你自己的事。發現你尚未覺察到的動機，和發現你人格中的恐懼，是同樣的意思。你認為你的意圖是某件事，但你人格中的恐懼表現出來其實是另一個意圖，那就是你潛藏的動機；而只要你尚未覺知到，它就會保持隱藏的狀態。

你潛藏的動機，或許是試圖讓某人留下好印象、控制某人、透過教導等方式，讓自己感覺更好。舉例來說，你可能會認為自己的意圖是幫助某人了解真實的力量，但你卻沒有認出自己位居教師身分時，其實是感覺優越的。

在這個星期，將意圖設定在挖掘任何你可能有的潛藏動機。

當你從與他人的互動中發現自己有潛藏的動機，要慶祝這個發現，儘管那可能會讓你體驗痛苦，它們並不愉快。但是，認出你人格的恐懼部分，進而不受它們控制，最終是令人愉快的。例如，充分感受到退縮、防衛自己或變得憤怒的需要，同時又不被它控制。

在這個星期結束前，寫下你對這些問題的答案：

- 在這個星期，尋找潛藏的動機這個念頭，對你產生了哪些助益？
- 你在自己身上發現了什麼潛藏的動機？
- 這個人生課題，哪一部分對你來說最為困難？
- 你對自己最重要的發現是什麼？

第九章

多官人格與逐漸變為多官的五官人格，是透過他們直覺的選擇來進化的。這在人類進化史上是個非常重大的改變。無自覺的進化，是透過無自覺的意圖，而在不自覺中所創造的經驗，這是我們物種從過去到目前為止的進化方式。

當你對人格的不同部分變得自覺，你也就能自覺地體驗到內在的各種力量，它們爭相獲得表達，在每一刻主張它是你用以塑造你實在界的唯一意圖。

五官人看不見這些選擇有多麼重要，多官人卻知道它們有多麼功不可沒。你是往靈魂更靠近一步，或是往人格更靠近一步，全都取決於你的選擇。你人格的能量是限縮的、恐懼的、掠奪性的？你靈魂的能量是開放的、喜悅的、給予的？你選擇哪個？你能做出什麼更重要的選擇？

選擇

選擇是我們進化的引擎。每個選擇都是意圖的選擇。意圖就是你帶入一個行動或思想的一種意識品質。所謂負責任的選擇，就是一個考慮到後果的選擇。你必須問自己：

「我是否已經準備好接受這個選擇帶來的一切結果？」「這是我真正想要的嗎？」你必須覺察到你人格的不同面向，才能做出負責任的選擇。

負責任的選擇加快了多官人格進化方式。當你自覺地進入你做決定的動力時，也就自覺地進入了你的進化。每一次你以靈魂的意圖進行創造，亦即寬恕、謙卑、清明與愛的意圖，你便賦予自己力量，這就是真實力量建立的方式，它藉由每一步、每個選擇而建立。

誘惑會將你的覺察吸引至你內在的負面性，如果那負面性持續停留在無意識中，很可能會製造出痛苦的業。它讓你的靈魂能夠透過自覺的選擇而直接進化，而無須製造惡業。你清理了自己的惡業，而不必實際去經歷那樣的體驗。

延伸閱讀請開啟網頁 www.seatofthesoul.com/sg9，進入本章節導讀的線上擴充版，內容包括影片、靜心方法，以及研讀小組的支援。

◇問題

這些問題不是關於你知道些什麼，而是關於你覺知到多少。如果你沒有覺知到自己內在那股創造經驗的動力，它們所製造的經驗將永遠會是：一、令人驚訝的。（為什麼是我？）二、痛苦的。看看你覺知到多少。

1. 你在行動或說話之前，是否曾問過自己：「這最有可能製造什麼後果？」
2. 若是如此，你是否曾繼續追問以下的問題：「這是否不只是我一時想要的，而是我真正想要創造的？」
3. 如果你早知道自己可以透過在每一次行動或說話之前問自己這些問題，而改變人生的發展與靈魂的進化，你會問這些問題嗎？
4. 你是否曾認為誘惑是一種正面動力？
5. 誘惑是惡業事件的彩排，這樣的概念你想過嗎？

◇練習

重新選擇

想想一個經常出現在你生活中的情境，讓你總是做出同樣的行為舉止，例如與配偶爭吵、與父母或孩子惡劣互動、對同事不耐煩，或對某件需要處理的事、某個高速公路上的駕駛感到不耐煩。

想一件你想改變的事。如果你和他人一起練習，可以輪流著進行。其中一人朗讀練習做法，其他人閉上眼睛。然後調換順序。如果你獨自練習，先閱讀練習的做法，然後閉上眼睛，依照你記住的內容來練習。

閉上眼睛，回想那些處境，但這次彷彿你在看著記憶裡的自己。思考以下可能性：你遭遇這種處境，是為了要學習如何以不同方式處理它，以一個更自覺、更有建設性的方式處理它。

當你在想像中重新經歷這種處境，讓回憶來到你寧願自己不曾做過這件事的時刻。這時候，請做出一個更健康的反應，讓它創造出一個你比較想體驗的結果。

要了解，做出一個更健康的反應，得靠你自己鼓起勇氣。現在，請選擇那個更健康的決定，讓自己看看它所創造的結果。如果你是與同伴一起練習，寫下你的發現，並且與他人分享。

◇人生課題

在接下來的一個星期，專注於做出有自覺的選擇。每天早上，以及一天當中你記得的時候立定意圖，做出負責任的選擇。每次你覺察到要做選擇的時刻，對自己說：「我對自己所做的選擇以及它們所製造的結果負責。」當你不清楚如何選擇時，問問自己：「我能做的最健康的選擇是什麼？」

創造真實的力量，意味著做出那一刻你所能做的、最健康的選擇，也就是能夠拓展你，而且永遠賦予你力量的選擇。譬如，選擇不要吃明知身體不需要的東西；生氣的時候不要大吼大叫；想怪罪他人的時候不要抱怨；等不及要談論某人的時候不要閒言閒語；有人要你做你明知對自己不健康的事時，要懂得拒絕等。

在一星期結束前，寫下你對以下問題的答案：

- 提醒自己「我必須對自己所做的選擇及其創造的結果負責」這樣的想法，如何影響你的選擇？
- 在這一個星期，什麼是你對自己最重要的發現？

◇實用概念

責任
是
一個
神聖的
字眼。

它
代表
從
愛
回應
的
能力
而
不是
恐懼
自動反應

這就是
創造
真實的力量。

第十章

你是否曾納悶，為何上癮那麼難改？上癮是你人格裡最強大的恐懼部分，你的靈魂越是想矯治你的上癮，你保留上癮的代價就越大。這是慈悲的宇宙在告訴你，因為你的殘缺是那麼深，唯有等值的或高於你殘缺的相反之物，才能阻止你。

要矯治上癮是一種考驗，看你有多大的力量去選擇、去發現能賦予你力量的唯一意圖來自於你內在的某處，一個讓你知道你確實能做出負責任的選擇，並從中汲取力量的地方。

每次你選擇挑戰你的上癮，便是在阻絕它的力量、增強你個人的力量。你帶來了光與治療，並且釋放了內在的惡業之流。當你面對最深的掙扎，便是往最高的目標走去。當你與上癮纏鬥，你是直接面對靈魂的治療——這是你生來就要完成的工作。

上癮

你必須承認你有上癮的問題，才能開始戒除上癮。承認你有上癮問題，就是承認一部分的你已經失控。一旦你承認上癮，你就再也無法對它坐視不管了，而且你若不徹底改變生活，就無法戒除它。

上癮是永遠無法滿足的，性上癮無法藉由性來滿足，飲食上癮無法藉由食物來滿足，酒癮也無法藉由酒精來滿足。上癮是你人格的恐懼部分，它完全受到外在環境的控制，它們是你最大的殘缺。

性上癮是最普遍的問題，因為性的學習和力量有直接的關聯。你無法同時控制自己的力量，又在性方面失控。當你對上癮提出挑戰，你就是站在殘缺我和完整我之間，在無意識允許無自覺行為與自覺的生活之間。每次你挑戰上癮，就是在創造真實的力量，並且直接促成了靈魂的進化。

延伸閱讀請開啟網頁 www.seatofthesoul.com/sg10，進入本章節導讀的線上擴充版，內容包括影片、靜心方法，以及研讀小組的支援。

◇問題

每個人都有上癮問題。如果你覺得自己是個例外，請帶著一顆開放的心針對以下問題做些實驗。

1. 你是否知道自己人格裡有哪個部分是失控的？譬如過食、飲酒、抽菸、賭博、性、觀賞色情片？
2. 滿足這些人格部分的要求，是否曾經增加了你對它的控制？
3. 你是否能認出你人格的某些部分可能是失控的？譬如，你確定自己能不在晚餐時喝杯酒嗎？能路過打二五折的拍賣會而不買東西嗎？能將糕點剔除到你的菜單之外嗎？
4. 你人格的某部分可能失控，你對這種念頭有什麼感覺？
5. 你覺得自己最大的殘缺是什麼？或者，如果你覺知到它們的話，可能會是什麼？

◇練習

熱情或上癮？

列舉你的日常活動，包括休閒活動。針對每項活動，問問自己以下問題，並且寫下答案：

- 它是自己在適當時機發展出來的，還是我刻意進行的？
- 它打開或是阻礙了更多的可能性？
- 它開啟或是關閉了你的知覺？
- 我是在逃避我的感情，還是在歡迎它們？
- 這是一種喜樂的呈現，還是恐懼的呈現？
- 我是只關心自己，還是也關心他人和這個地球？
- 這是出於熱情，還是為了轉移注意力？

（摘自蓋瑞．祖卡夫與琳達．法蘭西絲所著之 *The Mind of the Soul*）

◇實用資訊

戒除性上癮

第一階段：否認

「我只是個多情的人。」

「或許有什麼可以好好檢視一下。」

「這不是什麼問題，但如果讓你感到困擾，我會好好檢視。」

第二階段：接受

「好像不大對勁。」

「可能有點問題。」

「好吧。或許有問題。」

「好。這有問題。」

「這是個很嚴重的問題。」

第三階段：開放接受矯治

「我失控了。」

（摘自蓋瑞．祖卡夫與琳達．法蘭西絲所著之 *The Mind of the Soul*）

◇人生課題

這個星期，儘管你無法想像自己有上癮問題，也請探索你自己的內在，看看是否有什麼東西讓你上癮。記住，上癮是你人格裡一個非常強大的恐懼部分，每個人的人格裡都有恐懼的部分。

你要去覺察你為這種行為編織了什麼故事，這些故事不是你的歷史，你的歷史純粹是發生在你身上的事。你的故事是你告訴自己或他人，用來解釋自己為何有此行為、為何不改變的理由。例如「我父親也酗酒」、「我童年時遭受性虐待」、「我年幼時父母就離婚了」等。

如果你認為自己沒有任何上癮問題，請回憶在自己人格裡注意到的、有時會失控的部分，例如過食、看電視、打牌、晚餐時喝一杯等。

一旦你認出了人格的這個部分，寫下你一直告訴自己的故事，這故事能夠解釋為何當你希望事情不是如此，或當生活不是你想要的樣子時，自己仍做出這種行為。

根據你人格的某些部分來做記錄，例如：「我人格中有個恐懼部分，是不斷工作（讀書、看電視、修理東西等）。」或者：「我人格中有個恐懼部分，是覺得它有權利什麼事都不做，或者有一部分是對什麼事都不做感到罪惡感等。」

在每個早晨設定意圖，找機會創造你過去不曾發現過的真實力量。記住，無論你發現什麼，都是你在這個地球學校的功課，請對自己溫柔一些。

在一個星期結束前，寫下你對這些問題的答案：

- 在這星期剛開始的時候，你告訴自己一個故事，現在你所看見的情況，和那個故事有什麼不同？
- 你能不能看見那些自己先前無法認出的上癮問題，是你人格恐懼部分所展現的行為？
- 你能不能認出那些你過去有所覺察、但現在你能將它視為人格恐懼部分的上癮問題？這如何影響了你對自己的知覺？

第十一章

有一些成長動力只能在「承諾」的動力裡才能夠找到。如果沒有承諾，你就無法學會在自身之外，還要去關懷他人。靈性伴侶的原型設計，反映的正是多官人走向真實力量的意識之旅，這和婚姻的原型不同；婚姻的設計是為了協助形體的生存，在婚姻關係裡，伴侶雙方不見得會將自己視為平等的。

當你與另一個人或一些人共同承諾了靈性伴侶關係，你會開始重視伴侶對你發展的貢獻，你開始了解，他們的知覺與觀察對你的成長是有幫助的，甚至根本就是關鍵，而且你們的對話會開始激盪深層的水波。你學會了不只要信任彼此，也要信任你們一起成長的能力。你與這星球上的每種生命形式息息相關。

換句話說，當你選擇自覺地加入容納面較廣的互動，你推動的就不只是你自身的轉變，也包括了你所加入的集體的轉變。因此，你邁向真實力量的進化過程，所影響的不只是你一人。

關係

若是沒有承諾，你不會懂得以靈魂的眼光來看待他人，將他們視為美麗的「光之靈」。靈性伴侶是一種為了靈性成長目的，而在對等的人之間所形成的伴侶關係。靈性伴侶承認靈魂的存在，並自覺地尋求它的進一步演化，他們將人格的欲求擱置一旁，以配合他們伴侶靈性成長的需求——那就是靈性伴侶的運作方式。

在機構、城市、國家、種族與性別層次之靈性伴侶裡的個人，也在這些層次中創造新的價值與行為。這永遠是人格的低頻能量（恐懼與懷疑）與靈魂的高頻能量（愛與信任）之間的選擇。

畫分國家與畫分個人的外在力量是一樣的。那些與靈魂一致的個人，也能為性別、種族、國家與鄰里之間帶來和諧。在一個人之內的，也在整體之內，因此，我們每一個人最終都要為整個世界負責。

延伸閱讀請開啟網頁 www.seatofthesoul.com/sg11，進入本章節導讀的線上擴充版，內容包括影片、靜心方法，以及研讀小組的支援。

◇問題

想想靈性伴侶關係與其他形式的關係有何不同。由於你正在讀這本書，你可能已經開始對靈性伴侶做些實驗，卻沒有從這個角度來思考過，或者已經被這個概念所吸引。利用這些問題審視自己，將自己當作一個潛在的靈性伴侶：

1.「當一個靈性伴侶」這一概念，哪個環節讓你特別能產生共鳴？
2.「當一個靈性伴侶」這一概念，對你來說困難在哪裡？
3. 感覺與他人平等，對你來說是什麼滋味？如果你想不起任何感覺平等的經驗（這很常見），請想像這種感覺。
4. 如果每個人都能在做每一個選擇時，從選擇愛或恐懼的角度來思考，你認為這世界會有什麼不同？
5. 如果你能在做每一個選擇時，從選擇愛或恐懼的角度來思考，你的世界會有什麼不同？

◇練習

深陷權力爭鬥時，選擇你通常會做的相反做法。在某個特定關係裡，你通常扮演什麼角色？是較優越的那個，還是較差的那個？如果你和小組一起練習，或你的伴侶願意的話，請扮演相反的角色（如果你通常是較差的，就扮演較優越的那一個）。

想像你過去已經處於這種權力爭鬥之中好幾次了（的確如此），但是這次，你要換個不一樣的做法。如果你通常會大吼，你這次就退讓。如果你通常是退讓的一方，你這次就保持防衛態度，竭力爭辯。

關係

現在，想像你再次陷入同樣的權力爭鬥，但是這次你運用「真實力量指引」來做練習。利用「真實力量指引」（可從 www.seatofthesoul.com 網頁下載），與伴侶進行角色扮演，看看你在權力爭鬥之中會有什麼不同的互動。想像你自己會如何處理權力爭鬥，在當下從你最健康的部分來行動和說話。

在日誌上做筆記，以便在你陷入權力爭鬥時（或以任何方式做出不自覺反應時）

能有所覺察。這些筆記能幫助你，當你人格中基於恐懼的部分變得活躍時，要「回應」，而不是「慣性反應」。

◇人生課題

敞開自己，培養你人格裡愛的那個部分。在這個星期裡的每一天，立定意圖要盡己所能去愛你所遇見的每個人。在互動過程中，針對你的經驗做筆記，注意你人格裡愛的部分什麼時候活躍、恐懼的部分什麼時候活躍。

如果你對感受平等有困難，請對自己溫和一些。再度立定意圖，培養人格裡愛的部分（它們永遠感到與他人平等），然後挑戰人格裡恐懼的部分（它們總是感到優越或自卑）。

在這星期結束前，寫下你對這些問題的答案。如果你和小組一起練習，請與他們分享。

・當你自覺地選擇去創造你人格裡充滿愛的部分，並且去體驗與他人的平等感受時，出現哪兩種情況？
——你有什麼想法與意圖？
——你有什麼身體上的感覺？
- 當你選擇以人格中充滿愛的部分來創造時，寫下至少一個會發生的特定結果。
- 你從這個人生課題裡學到什麼關於你自己的事？

◇練習

潛在的靈性伴侶

挑選一位你想和他建立更深入、更實質關係的人，例如某個朋友或兄弟姐妹、配偶、同事，一個你願意從他們身上獲得反饋以認識自己的人。現在，挑選一個你想著重的人格的恐懼部分，亦即一個你總是要等到它讓你付諸行動，你才會注意到的部分（例如，你人格的一部分是憤怒、咆哮的，或感到優越、表現出理所當然的模樣，或感到自卑而試圖取悅他人）。

請確定這個部分的人格，是你想在它變得活躍時請他人協助你看見的，如此你才能在它再次製造痛苦結果之前挑戰它。你選擇了一個人，讓他在你人格的那個部分開始活躍前告訴自己。

在日誌上寫下你們所有的互動過程，也寫下彼此學習到什麼關於自己的事。

第十二章

靈魂的覺知存在於創造真實的力量，以及創造真實力量的需要。自我們這個物種起源以來，我們一直視自己為人格，受限於從生到死這段時間，充滿恐懼和局限。宗教會談論靈魂，但只有極少的修持者表現得像有靈魂的人。

多官知覺正在改變這一切。在人格／恐懼與靈魂／愛之間的選擇，現在已經成為我們進化的主要支點。為了進化，你必須一而再、再而三地選擇與靈魂一致。每個你所做的選擇，若非讓你往地球與你的人格更靠近一步，就是往你的靈魂及其無可計量之愛更靠近一步。此刻，人類的進化需要我們將靈魂的健康與進化納入考量，這是一件新鮮的事，全新的事。

靈魂

你的靈魂乃是你之所是的本質，它是強大的、擴張的、是你一切的進化中心。當我們變成多官人，也就首次能夠真正以實際的方式來思考我們的靈魂，將它們納入經驗中，並且探查如何利用靈魂的知識來創造最有建設性的生活、協助我們靈魂在進化旅程上更為順利。

將靈魂視為一種靜態、完美的實體，是將它理解為一種如柏拉圖所說的「理想形式」的無用嘗試。宇宙及世間一切都朝著更高的覺知與自由在進化。你的靈魂是屬於宇宙或上帝的，上帝化為個體的形式、點滴，將它的力量大幅削減為個體意識的小分子，然而每個分子裡的力量仍是完整不朽的、具有創造力的，仍然能夠像它是完整時那樣充分表達，但是它的能量將削減為適合它形體的分量。當這個小形體的力量、自性開始成長，它會變得越來越大、越來越神聖，然後變成上帝。你的靈魂就是這樣一個分子。

這個過程與你的人格過程類似。人格屬於你的靈魂，它先擴展成高層我，再進入靈魂之化身的全部力量當中。小形體成長為上帝，類似於人格與高層我離開地球，重新進入靈魂的整體的過程。你若不認真對待靈魂，就無法欣賞你之所是的廣闊無邊，以及你置身其中的過程。

延伸閱讀請開啟網頁 www.seatofthesoul.com/sg12，進入本章節導讀的線上擴充版，內容包括影片、靜心方法，以及研讀小組的支援。

◇問題

花點時間思考這些問題，寫下浮現腦海的想法。經常回想這些問題，注意你的答案是否改變。

1. 你曾認真思考過靈魂這件事嗎？你想過你的靈魂嗎？
2. 想想：如果我有一個靈魂，靈魂是什麼？
3. 問問自己，我的靈魂想要什麼？
4. 問問自己，我的靈魂和我之間有什麼樣的關連？
5. 問問自己，我的靈魂對我的生命產生什麼樣的影響？

◇實用概念

地球學校的目標
是協助你
學會創造
真實的力量。
讓你能在這地球上，擁有
你靈魂的
知覺
價值觀
以及
目標。

他們是
和諧
合作
分享
對生命懷抱敬意。

◇練習

看看會如何

挑選一個靈魂的意圖，包括和諧、合作、分享，或者對生命懷抱敬意，看看哪個是你覺得生命中最需要的力量。在接下來的三十天，每天早晨都立定這個意圖。每天晚上回顧你的一天，注意自己利用話語和行為做出選擇的時刻，以及沒有這麼做的時刻。當你選擇的時候會如何？當你沒有這麼做的時候，又會如何？

（摘自蓋瑞．祖卡夫與琳達．法蘭西絲所著之 *The Mind of the Soul*）

以不同的眼光來看

挑選一個你認識許久但仍感覺不夠親近，而你想和他變得更親近的人。你對這個人是否感到自卑或嫉妒？或者感到優越、想去論斷？你為何覺得與這個人有距離？

你是否一直以來都只看見了他的地球外衣？
你是否一直以來都只注重他所做的事，或者他的穿著打扮？
你是否和他有過誤會或爭吵？
你的生命已經帶領你們朝向不同的方向了嗎？

現在，帶著一顆開放的心，接受以不同眼光看待你周遭的朋友。立定意圖要看見你朋友在地球外衣底下的東西。

提醒自己，你不知道所有進入你朋友生命裡的東西是什麼，不知道他面臨了什麼挑戰、恐懼、喜悅與害怕。記住，你是一個靈魂，而你的朋友也是。

注意你現在對這個人有什麼感覺。你感覺到慈悲心了嗎？如果沒有，請不斷重複這項練習，直到你的感覺有所變化，從封閉轉變為開放、從僅僅視你朋友為一個人格，到了解你朋友是個穿著地球外衣的靈魂。當你的恐懼、論斷、藐視消失，敬意生起時，試著去感受那個瞬間。

（摘自蓋瑞．祖卡夫與琳達．法蘭西絲所著之*The Mind of the Soul*）

一個真實故事

和我有收養關係的蘇族（Sioux）叔叔菲爾．連恩（Phil Lane）曾告訴我一個故事。有一次，一位女性長輩問他：「侄兒啊，什麼是最神聖的儀式？」我那位蘇族兄弟仔細想了想，然後說：「異象探索、發汗屋淨化儀式，或是太陽舞*。」「是的，」

女性長輩說，「那些都是神聖的儀式，但是所有儀式當中最為神聖的，是一個孩子的誕生。」然後，她直直看著他，問他說：「然後，你成了什麼樣的人？」

*譯注：以上皆為北美印第安原住民的神聖儀式。

第十三章

既然我們已經變成了多官人，所以我們需要一門全新的心理學，也就是「靈性心理學」。人格是靈魂縮小為一個形體時的特定面貌。因此，不了解靈魂，就無法了解人格為何會失調。

心理學企圖治療人格，卻不承認存在於人格構造及經驗背後的靈魂力量，因此無法治療靈魂層次的疾病。人格的特質不能光從一個人的人格史來理解，因為這些特質可能反應了出現在人格之前的經驗，有時候是幾百年前的經驗。

存在於心裡學當中的治療力量，就是意識的力量。起而追尋，鼓起勇氣面對，將潛意識的東西推入意識的光底下，爬到超越人格的力量層次，這就是治療的力量。

那些需要覺察的東西，例如你在其他地方或前生發生過的經驗，如果不加以認識，它們就無法獲得治療。靈性心理學會照亮人格與靈魂之間的關係，讓人格之間的互動和影響變得非常清晰，它能呈現非人格能量的動力觀點，並顯示如何利用這些動力來治療。

心理學

心理學意味著靈魂的知識，但是由於五官人不承認靈魂的存在，因此無法了解靈魂的性質、它能容忍或不能容忍的東西、什麼對它的健康有益，以及什麼會破壞它的健康。恐懼、憤怒、嫉妒等扭曲人格的情緒，必須從它們所對應的業力環境來理解。

若無法覺察靈魂前生的經驗，你就不會懂得珍惜和別人互動時所提供給你的潛在覺醒機會。你的經驗都有其業力上的必要，若能了解這點，就能選擇不以針對個人的方式做出慣性反應。

當你涉及殘暴、大量的痛苦、失去理智、無法原諒、嫉妒、仇恨，或欺騙他人，你就削減了靈魂的力量，但這不應與靈魂的不朽混為一談。要創造真實的力量，你必須承認靈魂的存在，深入認識它的本質，以及理解它想要什麼。靈性心理學就是對這些東西進行有規律的系統研究。

延伸閱讀請開啟網頁 www.seatofthesoul.com/sg13，進入本章節導讀的線上擴充版，內容包括影片、靜心方法，以及研讀小組的支援。

◇問題

1. 即使你沒有心理學學位，也能對靈性心理學有所貢獻。這些問題能幫助你更加了解你的靈魂，以及你和靈魂之間的關係。你可以問問自己哪些其他的問題？
2. 你曾經認真思考過靈魂的存在嗎？
3. 你曾自覺地從「協助靈魂進化」這個角度來思考嗎？
4. 如果你真的相信，殘暴、大量的痛苦、失去理智、無法原諒、嫉妒、仇恨，以及欺騙他人會妨礙你的靈魂進化，那麼在放縱自己做這些事之前，你會三思而行嗎？
5. 如果你的經驗真的有其業力上的必要，那麼對那些為你帶來這些人生經驗的人感到不滿，有什麼意義？
6. 在生活中時刻覺察到你的靈魂與對靈魂最有益的事，你覺得這樣的想法如何？

◇實用概念

你曾離開過伴侶或配偶嗎？你的配偶或伴侶曾離開過你嗎？或許是因為你們的靈魂懷有很大的慈悲，同意在這一生再次共同經歷前生或前幾生的某些狀況，因為這些狀況仍然具有治療潛力。可能是你們的靈魂同意互相取得能量的平衡，因此，今生其中一方就得體驗到前生加諸於對方的痛苦。這類經驗的目的，不在於製造無謂的痛苦。宇宙間的所有行為，無一不慈悲。

◇練習

真正的需要

當你努力滿足一個造作的需要，你就是在追求外在的力量，你被你人格的恐懼部分給控制了。你努力要對自己感覺更好、感覺更安全，但是如果你的需要是造作的，你就會執著於要滿足它。

相反地，當你努力滿足真正的需要，你是在創造一種真實的力量。你選擇了人格中那個充滿愛的部分，與你的靈魂目標一致，而且永遠都在盡力創造真實的力量。宇宙能夠滿足你真正的需要，例如靈性成長的需要、為了共同利益而創造的需要、愛與被愛的需要，以及為生命做出貢獻的需要。

人很容易陷入人格的恐懼部分與造作的需要當中。有時候，你人格的這些部分因為對你來說太過熟悉了，你如果不專注覺察，便很難看見它們。

- 每一天，設定你的意圖，要認出造作的需要和真實的需要之間有何不同。來自你人格恐懼部分的需要是造作的——它們是操弄、控制的手段。你的真實需要是愛與被愛、給出你的靈魂想要給予的禮物，以及創造真實的力量等。
- 在這個星期，為你的真實需要與造作的需要列出一張表。讓你的直覺指引你做出區別。
- 在這個星期最後，在你的日誌裡寫下你對真實之需要和造作之需要的發現，並舉例說明。
- 關於你自己相對於造作的需要，以及相對於真實的需要，什麼是你最驚人的發現？

第十四章

有些傳統認為生命是一種「假象」，但諸如被車撞上、生病、房子遭法拍等這類事情，確實是真實事件，我們怎能說像這樣具體的事件是「假象」呢？

每個個體與環境的互動，都是一股持續學習的動力的一部分，這些動力時時刻刻提供給每個人完美的機會，讓他們獲得靈性成長。每次的互動過程都在我們內在創造出情緒，而每種情緒都是一種愛的經驗或恐懼的經驗。遲早，有時候得在長達好幾生之後，我們會開始發現，根據恐懼而行動（如憤怒、怨恨、嫉妒等），會創造出痛苦的結果（因果法則），並吸引到擁有這些能量的人（吸引力法則）；而當我們根據愛而行動，如感激、欣賞、耐心、關懷，我們便會創造出幸福的結果，並且吸引到同樣的能量。

最終，我們將會變得更喜歡從愛來行動，而不是恐懼——無論周遭發生什麼事，包括意外、疾病、房屋被法拍，也無論我們內在發生什麼事，包括憤怒、怨恨與嫉妒。最終，我們會將一切視為創造愛的機會；這就是靈性的成長。

恐懼會創造出某件事不該發生的假象、痛苦的經驗是負面的假象，而愛會驅逐這些假象。自覺地利用這個假象來獲得靈性成長，就是創造真實的力量。

假象

假象能讓每個靈魂覺知到治療所需要了解的事情。每個靈魂的假象都是由它的意圖所創造的。一個活在愛與光裡的人格，能夠看見假象，而不被假象所吸引。每個恐懼、憤怒或嫉妒的經驗都是假象，它的目的是要讓你覺察到你人格中需要治療的部分。

當你完全與靈魂達成一致，假象對你是沒有力量的。每個人格都會吸引其他相像的意識，這就是吸引力法則：憤怒吸引憤怒、貪婪吸引貪婪、慈悲吸引慈悲。

人類的感情歸為兩大類：愛與恐懼。每個人格的假象都是由其人格的恐懼部分所製造的。追隨自己恐懼部分的人格，會選擇負面的行為，並體驗到他人加諸自己的同樣行為（這就是業力法則），然後再獲得釋放這些負面性的機會。這就是假象運作的模式。

延伸閱讀請開啟網頁 www.seatofthesoul.com/sg14，進入本章節導讀的線上擴充版，內容包括影片、靜心方法，以及研讀小組的支援。

◇問題

1. 這些問題能幫助你從另一個觀點來看待假象。不要急，慢慢來，經常回顧這些問題。
2. 當你生氣的時候，你的憤怒看起來有多麼合情合理？
3. 當你嫉妒的時候，你的嫉妒有多麼令人痛苦？
4. 你是否想過，你的痛苦情緒可能顯示出你人格中需要治療的痛苦部分？
5. 如果你不被你人格中的恐懼部分所控制，你的生活會變得如何？
6. 到那時候，你會受到什麼樣的人吸引？

◇練習

自卑與優越的假象

回想某個通常會令人感到自卑的人，可能是朋友、親密伴侶、鄰居、家人或任何人。回想一個他讓你覺得自卑的特定時刻，留意你身體上能量中心的感受，以及你的念頭、你的知覺。看看你是否能認出你對此人的意圖。

現在，回想某個通常讓你感到優越的人，可能是家人、朋友、親密伴侶、鄰居或任何人。回想一個他讓你覺得優越的特定時刻，留意你能量中心的感受，以及你的念頭、你的知覺，看看你是否能認出你對此人的意圖。

在日誌上寫下你的發現。如果你和他人一起研讀，請與彼此分享收穫。

如果我……

在你開口或行動之前，留意你的感覺，以及這些感覺發生的地方。例如，如果你感覺到取悅某人的需要，將你的注意力放在胸部、喉嚨，以及太陽神經叢（腹部）部位。注意你是否在某個能量處理中心的周圍感到難受。給你自己一分鐘或更久的時間來體驗這件事。

現在，回想一個你曾感到無條件被愛著的感覺，可能是來自父母、朋友或親戚，也或許是宇宙。給你自己一分鐘或更久的時間來體驗這件事。將注意力放在胸部、喉嚨及太陽神經叢（腹部）部位。注意你是否在某個能量處理中心的周圍體驗到很美好的感受。

然後問問自己：「如果我是有價值、完滿的，我會說出或做出什麼不一樣的事？」

（摘自蓋瑞．祖卡夫與琳達．法蘭西絲所著之 *The Mind of the Soul*）

每件事都是一個機會

練習將每件事視為一個以愛而非恐懼來創造的機會，包括所有的創傷與激起激動情緒的事件，例如你最愛的球隊輸掉了比賽、車子爆胎、孩子在學校惹了麻煩等。每次都要記住，你痛苦的情緒反應只是假象的一部分，它能提供你機會選擇以愛而非恐懼來創造，進而加速你的靈性成長。

第十五章

從透過為求生存而進化的五官物種，進入透過靈性成長而進化的多官物種，是個史無前例的轉變，而在這轉變的中心，產生了一種對力量的全新理解。對力量的舊有理解是操縱與控制的能力，而新的理解則是人格與靈魂保持一致。

多官知覺與對力量的全新理解是不可分割的。無論我們是否要求，多官知覺都會在我們內在生起。真實的力量是我們的全新潛能，我們每個人都必須自己去創造。那些不創造的人，會持續不自覺地操縱或控制，因而也不自覺地創造出暴力與破壞性的結果。

這是一種全新的情勢。所有的舊地圖都已經太過陳舊而不堪使用，我們現在正朝向一個未知的領域進化。我們的目標是靈魂及其意圖——和諧、合作、分享，以及對生命的敬意。我們的工具是對感情的覺察、負責任的選擇，以及直覺。我們進化所需的新要求，就是承諾（對靈性成長的承諾）、勇氣（自覺地過生活的勇氣）、慈悲（對自己與他人的慈悲），以及能支持我們與他人之靈性發展的自覺性溝通與行動。

過去從未有過人類意識的轉變，這是歷史性的一刻。現在，我們的歷史宛如一條大河，急轉進入一個新的意義之中，擁有不可思議的深度、無法測量的豐富，以及難以想像的完滿。現在是我們自覺游入這條大河的時候了，我們不能再一輩子不自覺地隨波逐流，我們要看清誰在大河裡與我們一起，我們要歡慶這一刻！

力量

真實力量是由靈魂的意圖所構成的能量，它是愛與慈悲的意圖在智慧引導下塑造出來的光。在恐懼裡或任何由恐懼而衍生的活動，都是缺乏力量的。當你恐懼或不信任時，能量就會離開你，讓你在身體上流失力量的能量中心附近體驗到疼痛。

例如，當你擔心無法照顧自己、保護自己，你會在胃部附近感到疼痛或不舒服。當你覺得無法付出或接受愛，你會在胸部附近感到疼痛或不舒服。每個身體上的失調，都能理解為力量從身體的七個能量中心之一流失到外在環境或物體上。

能量若不是在堅強與信任當中釋出，就只會為你帶來痛苦與不適。一個真正的強者，除非身處愛與信任當中，否則不會釋出能量。一個真正的強者的特質是謙卑、寬恕、清明與愛。

延伸閱讀請開啟網頁 www.seatofthesoul.com/sg15，進入本章節導讀的線上擴充版，內容包括影片、靜心方法，以及研讀小組的支援。

◇問題

1. 這些問題能幫助你用全新的方式看待力量。如果你覺得回答問題對你有幫助，可以經常回顧這些問題。
2. 你是否曾從愛、慈悲與智慧的角度思考力量？
3. 你是否曾認為例如心痛、焦慮等身體上的痛苦感受是一種喪失力量的經驗？
4. 想一想，你覺得你生命當中最有力量的人是誰。他們是謙卑、寬恕、有智慧、有愛的人嗎？
5. 對於你用什麼角度看待力量，說明了什麼事？
6. 你是有力量的嗎？

◇練習

我真的想學這個

挑選一個你對某個事件產生強烈反應的時刻。或許你感到非常沮喪、憤怒、震驚，或者覺得痛失了什麼。你是否哭泣、暴怒、困惑、退縮並感到鬱鬱寡歡？記住你當時的行為表現。那個時候，你在喉嚨、胸部或太陽神經叢部位有什麼感覺？

閉上眼睛，讓意念回到那次的經驗。這次，在你採取行動前，先好好感受身體的感覺。對自己說：「我立定意圖要學習我的靈魂希望我從這次經驗中學習的東西。」

保持開放，要有耐心，給自己充分的時間，不要期待你會立刻看見你該學的東西，儘管這也可能發生。

睜開眼睛，寫下你的發現。

（摘自蓋瑞．祖卡夫與琳達．法蘭西絲所著之 *The Mind of the Soul*）

◇實用概念

創造真實的力量能轉變你的生命

從	**到**
經驗	實驗
受害者	創造者
理論	有意義的生命

（摘自蓋瑞・祖卡夫與琳達・法蘭西絲所著之 *The Mind of the Soul*）

◇練習

回想一個你對某個事件產生強烈反應的時刻，例如，某個時刻，你曾經覺得非常沮喪，你退縮、哭泣、憤怒，然後對你認為有錯的人大發雷霆。或者，某段時間你感到震驚，整天都覺得很迷惑，深深感到失去了什麼而鬱鬱寡歡了好幾個月。

記得你當時的行為表現，以及你的身體感受，例如在喉嚨、胸部或太陽神經叢有什麼感受。

想像這次你可以做出新的選擇，這次，你可以運用你的意志來挑戰你總是做出習慣性反應的人格部分。當你回想這次的經驗，在腦海中做一些實驗，做出以下這些選擇：

- 感覺到身體上的痛苦感受時，不做出慣性反應。
- 感覺到身體上的痛苦感受時，根據靈魂的意圖來行動。

第十六章

信任是一步步建立起來的，它需要的是對新想法、新事物、新眼界及新的思考方式抱持開放的態度。如果這份開放被盲目遵循教條所取代，誕生的將是一種刻板、嚴格、義正辭嚴、令人生畏的基本教條主義，而不是信任。

那些拒絕探索生命之無窮變化與豐饒，並拒絕為自己和他人嘗試去愛的人，會形成各種派系、文化與團體，但即使是聲稱愛的派系、文化與團體，都將變成恐懼的堡壘。要信任宇宙的慈悲與智慧，就要扎根於清明、謙卑、寬恕與愛，這些是獲得真實力量的人格特質。

多官知覺是一種普及整個物種、能夠扭轉局面的東西，它能在宇宙的慈悲與智慧中，將信任轉變為對智慧與慈悲的知覺。當苦難、貧窮、疾病、殘酷對待、剝削與暴力等最困難的處境變成一個好機會，讓你藉以發展出情緒覺察、做出負責的選擇，讓你選擇愛而非恐懼、在喜悅與自由中成長，並且創造真實的力量時——那麼，這時需要信任的地方在哪裡？

所有靈性上的禮物都會出現在我們生活中，例如擁有開放心胸的同胞等。一個和諧、合作、分享、對生命有敬意的世界正在召喚我們，我們與生俱來的任務，就是要將那個世界帶入存有裡。

信任

每個靈魂在化為人身之前，都和宇宙定下了一份神聖契約。要履行這份契約，有賴於真實的力量。只有當你開始履行你和宇宙之間的契約，你才能變得圓滿。

你的每個經驗都能幫助你警覺到自己的契約，它們不見得都是你會選擇的經驗，你的無形導師一直在支持著你，你要很高興能夠依靠他們，將你的生命視為一個經過美妙安排的動力。

將你的力量聚焦於現在。挑戰你的恐懼，立定你的意圖，對人類同胞放開心胸。記得要祈禱——祈禱是進入個人與聖智的關係裡的方式。對宇宙說：「你會完成一切。」然後讓你的手離開方向盤，把生命完全交託在宇宙手上。

創造真實力量的最後一步，就是讓自己進入更高等的智慧。要信任宇宙。你的每個選擇都將完美服侍你靈魂的進化，所有的道路最後都會通往家的方向。信任讓至福與歡笑得以降臨，為什麼不選擇至福與歡笑這條路？

延伸閱讀請開啟網頁 www.seatofthesoul.com/sg16，進入本章節導讀的線上擴充版，內容包括影片、靜心方法，以及研讀小組的支援。

◇問題

1. 你信任生命中的什麼？
2. 如果你不確定自己信任宇宙，你的第一步會怎麼做？
3. 如果你信任宇宙，舉例來說，最重要的信任是什麼？如果你不信任，你曾聽過什麼信任宇宙的例子？
4. 你對你的神聖契約有任何了解嗎？你覺得自己知道些什麼？你覺得它可能是什麼？
5. 你是否覺察到你從無形導師那裡獲得的支持？最令你感到驚訝的例子是什麼？如果你沒有覺察到你從無形導師那裡獲得的支持，你願意敞開心胸接受它嗎？

◇人生課題

在下個星期，表現得彷彿你相信宇宙是有具有智慧的、慈悲的。每次你遭遇困難的人事物，記得留意身體的感受，以及腦袋裡的念頭。然後問問自己：

- 如果我信任宇宙，這會如何幫助我看見那些對認識自己來說很重要的事？
- 如果我信任宇宙，這會幫助我發展出什麼樣的力量與清明？
- 如果我信任宇宙，會用什麼不同的眼光看待這件事？

提出最吸引你的問題，或是關於「你信任宇宙時，生命會如何改變」的相關問題。你也可以問自己這些問題，然後傾聽答案的出現。

在一個星期結束之前，寫下你得到的答案。

◇人生課題

想像《新靈魂觀》這本書裡的內容都是真的，你打算以最深刻的方式活出它。在未來的幾個星期，好好閱讀這本書，讀到現在對你來說最重要的部分時，記得做些筆記。此外，也請寫下你閱讀時浮現在腦海裡的問題，然後帶著開放的心，探索本書內容深層的意義。你可以直接跳到你感興趣的部分，也可以從頭開始讀，讓直覺指引你。

立定意圖要在閱讀時看見你的下一步該如何走、該如何以最有建設性的方式做出改變，以及你如何活出在本書裡所學到的深層意義。

每天花一點時間讀這本書。可能的話，和他人一起朗讀。讀過本書之後，你可以好好利用所學來幫助你更加珍惜你所面臨的挑戰、你自身的改變，以及你開始學習建立真實力量以來，在身上培養並且增強的特質。

最後，利用這些新觀點，在你的餘生支持自己創造真實的力量。

只要你覺得對你有幫助，請必持續利用這個問題來指引自己：

「如果《新靈魂觀》裡說內容都是真的，我要如何改變我的人生？」

新靈魂觀（三十週年全球暢銷版）
改變意圖，開啟覺知，終止負面業力，完成此生功課。
The Seat of the Soul

作　　者：蓋瑞．祖卡夫（Gary Zukav ）
譯　　者：廖世德、蔡孟璇
社　　長：陳蕙慧
副 社 長：陳瀅如
責任編輯：李嘉琪
封面設計：兒日設計
內頁排版：陳佩君

出　　版：木馬文化事業股份有限公司
發　　行：遠足文化事業股份有限公司 (讀書共和國出版集團)
地　　址：231新北市新店區民權路108-4號8樓
電　　話：(02) 2218-1417
傳　　真：(02) 2218-0727
Email：service@bookrep.com.tw
郵撥帳號：19588272木馬文化事業股份有限公司
客服專線：0800221029
法律顧問：華洋法律事務所 蘇文生律師
印　　刷：呈靖彩藝有限公司
初　　版：2019年11月
初版9刷：2023年10月
定　　價：360元
ISBN：978-986-359-7124
木馬臉書粉絲團：http://www.facebook.com/ecusbook
木馬部落格：http://blog.roodo.com/ecus2005

國家圖書館出版品預行編目

新靈魂觀 / 蓋瑞 . 祖卡夫 (Gary Zukav) 著 ; 廖世德 , 蔡孟璇譯 . -- 二版 . -- 新北市 : 木馬文化 : 遠足文化發行 , 2019.09
面 ; 公分
30 週年全球暢銷版
譯自 : The seat of the soul
ISBN 978-986-359-712-4(平裝)

1. 靈修 2. 身心靈 3. 靈魂學

192.1 108013834